Eckard Presler

Europas First Ladies

auf eigenen Füßen

Eckard Presler

Europas First Ladies auf eigenen Füßen

Militzke

Die Fotos auf der Umschlagseite zeigen *Jolanta Kwaśniewska, Dagmar Havlová, Cherie Blair, Sonja Klima* und *Doris Schröder-Köpf* (von oben nach unten).

Bildnachweis:
AP: S. 55, 60, 73, 85, 127, 137, 157, 161
dpa: Umschlag (5), S. 13, 16, 34, 43, 48, 65, 80, 89, 115, 118, 119, 144, 169, 181, 182, 183, 187
Archiv: S. 14, 95, 104, 107, 110

Die Deutsche Bibliothek – CIP-Einheitsaufnahme
Presler, Eckard:
Europas First Ladies : auf eigenen Füßen / Eckard Presler. – Leipzig : Militzke, 1999
ISBN 3-86189-149-2

1. Auflage

Lektorat: Monika Werner
Satz und Gestaltung: Dietmar Senf
Druck und buchbinderische Verarbeitung: Steidl Verlag Göttingen

Inhaltsverzeichnis

Einführung

Der beste Mann: die eigene Frau

Sie sind hübsch und selbstbewußt, tolerant und klug – die neue Generation der europäischen First Ladies. Vor ein paar Jahren noch kein Thema, greift die Presse heute gern zu Superlativen. »Paris Match« bezeichnet Doris Schröder-Köpf als »Deutschlands Charme der Stunde«, die »Daily Mail« charakterisiert Cherie Booth-Blair als »Superfrau«, für »El País« ist Ana Botella-Aznar »die freundliche Seite der Macht«, und die »New York Times« nennt Jolanta Kwaśniewska liebevoll die »Hillary Clinton des Ostens«.

In der westlichen Welt etabliert sich nicht nur eine neue Politikergeneration, auch die Ehefrauen der Regierungschefs unterscheiden sich vom bisherigen klassischen Bild einer First Lady. Sie haben Universitätsdiplome und eigene Berufe. Die charmanten Botschafterinnen begnügen sich nicht mit dem Damenprogramm. Offiziell haben sie zwar keine Macht, sind jedoch die wichtigsten Berater ihrer Männer. Die Paare verstehen sich als politisches Gesamtkunstwerk, getreu dem Motto »Gemeinsam sind wir stark«. Nach amerikanischem Vorbild wird auch in Europa die Politik immer stärker zur Show, werden die Repräsentanten und ihre Frauen zu Showstars.

Diesen Wandel registrieren die Medien mit Wohlwollen und Wortgeklingel. Die resoluten Damen zwischen 30 und 50 Jahren haben die alten Zöpfe abgeschnitten, bestehen auf Selbstverwirklichung, Unabhängigkeit und individuellem Glück. Sie sind hochqualifiziert und meistern ihr Leben allein – ohne »Vitamin B«. Jeder ihrer Schritte wird beobachtet, jedes gesprochene Wort beurteilt, jede Geste interpretiert. In einer Person sind sie außerdem ehrliche

Kritikerinnen, geduldige Zuhörerinnen und warmherzige Trösterinnen. Kein Problem für die neuen First Ladies. Die florierende politische Ehegemeinschaft hat prominente Vorbilder.

Schon Katja Mann, Mileva Einstein und Clara Schumann, um nur einige zu nennen, haben ihre Männer angespornt, beraten, ihnen den Rücken frei gehalten. Ohne sie wären möglicherweise »Die Buddenbrooks« nie geschrieben, die Relativitätstheorie nie entwickelt, eingängige Melodien nie komponiert worden.[1] Nur ist heute die Transparenz größer, werden Streicheleinheiten via Fernsehen in die Wohnzimmer getragen. Das Thema »First Lady« rückt zunehmend in den Mittelpunkt. TV-Magazine haben die Marktlücke entdeckt, die Boulevardpresse rekrutiert die Polit-Schönheiten immer öfter für ihre Titelseiten. Die Ansicht des Haus- und Hoffriseurs über den neuen Haarschnitt von Cherie Blair oder die Meinung des Modeschöpfers über das aktuelle Kostüm von Dagmar Havlová finden in den Klatschspalten Beachtung.

Vorbei sind die Zeiten, in denen die First Lady nur in Verbindung mit Frisur und Mode oder mit ihren Kochkünsten publizistischen Niederschlag fand. Vorbei sind die Zeiten, in denen die Familienglucken dominierten. Zumindest in der Politik sind sie Auslaufmodelle. Die rundliche Mutti, die dem gestreßten Ehemann nach einer 70-Stunden-Woche am Sonntagnachmittag selbstgebackenen Kuchen auf den nett dekorierten Tisch stellt oder dem »Familienoberhaupt« jeden Morgen ein frisches Hemd, dazu Socken aufs Bett legt, hat ausgedient. Die Küchenschürzenfraktion hat Konkurrenz bekommen. »Gute-Laune-Muttis« gehen schweren Zeiten entgegen.

Die neue Generation der First Ladies ist konsequent und zäh in der Durchsetzung ihrer Ziele, sagt ungeschminkt ihre Meinung und denkt gar nicht daran, in gebührendem Abstand hinter dem prominenten Gatten herzutippeln, wie das noch zu Zeiten von John F.

und Jackie Kennedy, Fürst Rainier und Grace Kelly üblich war. Immer mehr Politiker-Frauen marschieren an der Seite ihres Mannes, lehnen es ab, dem offiziellen Protokoll zu folgen. Sie sind Pionierinnen im Zentrum der Männermacht, haben die Bussi-Bussi-Niederungen unbeschadet überstanden und verweigern die Püppchenrolle mit dem Barbie-Blick. Sie bringen ein bißchen Glanz in diese untergangsvernarrte Zeit, kurz vor der Jahrtausendwende, wo Filme wie »Titanic« und »Armageddon« Abschied und Endzeit beschwören.

Die Auflösung tradierter Lebensformen geht einher mit der Etablierung neuer Kulturen und Werte. Politiker-Frauen sind nicht mehr nur schmuckes Anhängsel ihres erfolgreichen Mannes. Immer mehr Frauen gehen ihren eigenen Weg und sind weniger opferbereit. »Der Anspruch auf Selbstbestimmung und individuelles Glück prägt nicht nur die moderne Partnerschaft, er wird heute auch auf den Beruf übertragen«, sagt der französische Sozialpsychologe Didier Benoit. »Nach dem Wegfall traditioneller Sekundärtugenden wie Fleiß, Disziplin und Gehorsam hat sich zunehmend die Ansicht durchgesetzt, daß Ich-Verwirklichung nicht nur auf die Freizeit beschränkt bleiben muß.«

Das Hillary-Syndrom hat Europa erreicht. Von Jackie Kennedy bis hin zur jetzigen Ehefrau des US-Präsidenten hat sich eine Menge getan. Die leidgeprüfte Hillary Clinton steht für das Idealbild der modernen First Lady. Als liebende Powerfrau meistert sie die Rolle an der Seite ihres Mannes genauso wie ihre eigene Karriere. Im Rampenlicht stand Jackie Kennedy des öfteren, doch bei gemeinsamen Auftritten mit John F. Kennedy blieb sie immer ein paar Schritte hinter ihm. Die Welt interessierte sich für ihre Mode und die Kinder, aber nicht dafür, was sie dachte und sagte. Hillary Clinton hat Türen aufgestoßen, kann es sich – trotz Monica Lewinsky-Affäre – leisten, strahlend zu lachen, statt schüchtern zu lächeln.

Aber nicht alle Frauen können mit dieser Macht umgehen. Die jüngste Geschichte strotzt vor Beispielen, wie sich Gattinnen mal zum Wohl, öfter jedoch zum Schaden des Volkes exponiert haben. Da war Maos Witwe Jiang Quing, die sich 1976 nach seinem Tod mit der Viererbande an die Spitze putschen wollte. Da war Winnie Mandela, die acht Morde angezettelt haben soll, um ihre Macht in den Townships zu festigen. Oder Margot Honecker, die einstige Bildungsministerin, die Generationen von DDR-Schülern traktieren ließ und für Zwangsadoptionen der Kinder von »Republikflüchtlingen« verantwortlich war. Evita Peron verehren die Argentinier bis heute, wenn auch ziemlich grundlos, als Volksheldin. Die großbürgerliche Romantikerin Danielle Mitterand empfing gegen die offizielle französische Politik den Dalai Lama und Fidel Castro.

Gelegentlich scheinen sich die Machtverhältnisse sogar zu verkehren. In Griechenland war weniger von der Frau an der Seite des Ministerpräsidenten Andreas Papandreou die Rede, sondern eher vom Greis an der Seite der vollbusigen Dimitra (»Mimi«). Und vor einiger Zeit hätte Sarah Netanjahu fast die israelisch-palästinensischen Friedensverhandlungen im amerikanischen Wye gesprengt. Sie untersagte ihrem Mann Benjamin, dem Premier, weil sie mit ihm spazierengehen wollte, ein Treffen mit PLO-Chef Yassir Arafat. 60 Prozent der Israelis glauben, daß sich der Staatschef von der Ex-Stewardeß beeinflussen läßt.[2]

Trotzdem: Der jahrelange Emanzipationskampf trägt Früchte. Die Frauen gehören nicht mehr zu den Frontkämpferinnen der Feminismusbewegung, sondern sind deren Nutznießerinnen. Einige waren auf der Universität besser als ihre Männer, andere sind in ihrem Beruf die Karriereleiter so weit hinaufgeklettert, daß sie mehr Geld nach Hause bringen als der Ehegatte. Der Trend geht zur Ehe »light«. Die Lust an Individualisierung wächst, und der Anspruch auf Selbständigkeit steigt. Jeder ist der Architekt seiner Biographie. »Noch vor dem Jahr 2010 wird eine Frau Präsidentin der Vereinigten Staaten sein«, verkündete Hillary Clinton unlängst vor großem Publikum.[2] Das wäre dann die Zeit, in der sich der Autor Gedanken über ein Buch mit dem Titel »The First Gentleman« machen sollte.

Überkommene Lebensformen, die sich an Klassen und Religionsgemeinschaften, Familie und Geschlechterrollen orientieren, zerfallen. Die Berliner Psychologin Eva Jaeggi lehrt ihre Studenten, daß heute »Selbstbehauptung und Autonomie zur wichtigsten Maxime unserer Gesellschaft« geworden sind.

Eine völlig andere Generation von Frauen lebt an der Seite der mächtigen Männer, hält sich durchweg leise und auf dezente Art zurück. Die liebenden Powerfrauen sind viel zu klug, um als besserwisserisch und vorlaut aufzufallen. Sie waren von Anfang an berufstätig, tüchtige Anwältinnen, Lehrerinnen oder Journalistinnen. Und die aktuellen Politiker sind deshalb keine Trottel, weil sie auf ihre Frauen hören. Männliche Macht mit kraftvoller Weiblichkeit gibt es in diesen Regionen immer häufiger. Cherie Blair, Jolanta Kwaśniewska und Dagmar Havlová sind keine wild gewordenen Emanzen, weil sie gelegentlich ihre Männer fernsteuern. Weiblicher Instinkt bekommt der Politik gut, und Anmut hat analytische Intelligenz noch nie ausgeschlossen.

Europas neue First Ladies sind ein neuartiges Aphrodisiakum für ihre Polit-Ehemänner.

Hamburg, 20. Februar 1999

Anmerkungen

1 »Bunte« vom 11. November 1998
2 »Der Spiegel« 46/1998

Großbritannien

Cherie Blair – erfolgreich, aber natürlich, so lieben viele Briten ihre First Lady.

Sie sind beide populär: Großbritanniens Premierminister Tony Blair und seine Ehefrau Cherie. Aber die »Times« glaubt, daß die First Lady des Landes intelligenter ist als ihr Mann. Sein politischer Aufstieg wäre ohne die selbsternannte Powerfrau undenkbar gewesen. Sie hat ihn beraten, ihn motiviert und, wenn nötig, auch angetrieben. Welch ein Unterschied zu ihrer Vorgängerin Norma Major. Cherie Blair ist eine typische Vertreterin ihrer Generation. Sie bringt Beruf und Privatleben locker unter einen Hut. Als angesehene Juristin besteht sie auf ihrem Mädchennamen Booth, kämpft für die berufliche Gleichstellung der Frau. Privat ist die dreifache Mutter ein Familienmensch. Lange Zeit galt sie modisch als langweilig und unauffällig. Heute leistet sich »Darling Cherie« einen teuren Modedesigner, und gelegentlich begleitet sie ein Haarstylist auf ihren Reisen.

Cherie Blair

Der bekannte Schnappschuß von der neuen britischen First Lady

Das Foto ging um die Welt. Es zeigt Cherie Blair am frühen Morgen nach dem Wahlsieg ihres Mannes. Die neue britische First Lady steht im hellblauen Baby-Doll-Nachthemd in der Tür, die obersten drei Knöpfe geöffnet. Ihr schwarzes Haar ist zerwühlt, die Augen sind verquollen, und an den Füßen trägt sie ausgefranste, ausgelatschte braune Pantoffeln, mit denen nicht einmal mehr ein Hund oder eine Katze spielen würde. Noch völlig schlaftrunken nimmt sie einen riesigen Blumenstrauß entgegen. Sichtlich erschrocken über das plötzlich einsetzende Blitzlichtgewitter, schließt die ungeschminkte Ehefrau von Tony Blair schnell die schwere Eichentür. Das Lächeln ist ihr vergangen. Für ein »Thank You« in Richtung der Gratulanten reicht es nicht mehr. Es ist Cherie Blairs erster großer Auftritt in der Weltöffentlichkeit. Späterer Kommentar: »Beim nächsten Überfall möchte ich mir wenigstens vorher die Nase pudern dürfen.«[1]

Am nächsten Morgen ist das Überraschungsbild in fast allen Tageszeitungen Großbritanniens zu bewundern. Auch die internationale Presse greift begierig nach dem Schnappschuß. Das Hohngelächter bleibt jedoch aus. Das Gegenteil tritt ein. An diesem Tag ist die Gattin des neuen Premierministers die beliebteste Frau Englands. Jeder kann sehen: Schau mal, sie ist auch nur ein Mensch.

Mit dieser unkonventionellen Premiere gewinnt Cherie Blair Millionen Frauenherzen. Erfolgreich, aber natürlich, so lieben viele Briten ihre First Lady. Sie wählten zwar ihren Mann zum Premier, aber die Frau an seiner Seite war eine wichtige Komponente für ihre Entscheidung.

Seit Anfang Mai 1997 ist vieles anders in der traditionsreichen Downing Street Number 10. Regierungschef Anthony Charles Lynton Blair, Sohn eines konservativen Rechtsanwalts, ist der jüngste Premier Großbritanniens seit 1812. Mit seinem Erdrutsch-Sieg – die Labour-Partei kam auf 43,1 Prozent (Tories 30,7; Liberale 16,7) – beendet er die 18jährige Herrschaft der Tories. Und Cherie Blair, Tochter eines Schauspieler-Ehepaares, ist die erste berufstätige Mutter von drei schulpflichtigen Kindern, die sich in der Nummer 10 häuslich eingerichtet hat. Aber eigentlich stimmt die Adresse nur bedingt. Die Blairs wohnen in Nummer 11, weil Nummer 10 zu wenig Zimmer und Quadratmeter hat. Schließlich muß Platz geschaffen werden für die drei Kinder. Schatzminister Gordon Brown läßt sich auf den Deal ein und wohnt jetzt im Obergeschoß von Nummer 10. Das Untergeschoß bleibt reserviert für Staatsempfänge.

Vorher wohnten die Blairs fünf Jahre lang in dem noblen Londoner Stadtteil Islington. Und das sehr gern. Die Ruhe war himmlisch und unvergessen die verräucherte Kneipe zwei Ecken weiter, wo die beiden jeden Freitagabend ihr Guinness-Bier tranken und mit anderen Gästen stundenlang Volkslieder sangen. Nicht selten wurde die Sperrstunde um 23 Uhr einfach ignoriert. Man schloß die Eingangstür und vergnügte sich munter weiter. Schließlich wollte man keine Probleme mit der Polizei. Für 375 000 Pfund hatten sich

Der neue britische Premierminister Tony Blair steht am 2. Mai 1997 mit seiner Frau Cherie vor den Porträts seiner Amtsvorgänger auf der Treppe in No 10, Downing Street.

die Blairs das schmucke Reihenhaus gekauft. Für 610 000 Pfund fand das 6-Zimmer-Domizil in der Richmond Crescent Street einen neuen Besitzer.[2] Ein einträgliches Schnäppchen!

Der Auszug fiel der Familie schwer. Und wie in vielen Familien immer noch üblich, geht der Mann seiner Arbeit nach, während die Frau den Umzug organisiert und bewältigt. Bekleidet mit Jogging-Anzug, T-Shirt und Turnschuhen, verstaut Cherie Blair Hab und Gut in Kisten und Kartons. Die Packer transportieren das sperrige Messing-Ehebett zum Möbelwagen und stöhnen unter der Last einer Kommode, eines Klaviers und eines Küchenschranks. Der Umzug verrät ein Geheimnis: Großbritanniens aktuelle First Lady hat einen Schuhtick. Mindestens 50 Paar stapeln sich in einem Stoffhänger – allesamt aus Londons besten Schuhläden: Preise zwischen 750 bis 1 000 Mark.[3]

Die Kinder: Euan (geboren am 19. Januar 1984), der bereits erste Versuche als Sänger im Royal Opera Chor absolviert hat, Nicholas (geboren am 6. Dezember 1985), der Fußballfan, und Kathryn (geboren am 2. März 1988) schleppen ihre Fußbälle, Teddybären,

Computer, Fahrräder und Vaters Seidenschlips-Kollektion in den dunkelblauen LKW-Container.

Kaum im Zentrum der Macht angekommen, gibt's den ersten Ärger, und der geht gleich über Monate. Der schwarz-weiß gefleckte Regierungskater Humphrey wird von Cherie Blair, die eine Katzenallergie hat, am ersten Tag vor die Tür gesetzt. Außerdem findet sie Katzen unhygienisch. Als Cherie Blair am nächsten Morgen die Zeitungen aufschlägt und ein Foto des verlassenen, traurig dreinschauenden Katers, der vor ihrer Haustür sitzt, erblickt, überkommt sie Mitleid. Sie gesteht den Fehler ein und nimmt Humphrey vor geladener Presse zum Trost auf den Arm, drückt ihn liebevoll an ihre Brust. Auch dieses Bild findet reichlich Abnehmer. Tierverbände und Kommentatoren nehmen sich des tierischen Dramas an. Der Disput über Haustierhaltung bewegt wochenlang die Gemüter der traditionell tierliebenden Briten.

Humphrey hatte seine Midlife-Crisis schon unter der strengen und unnachgiebigen Regentin Maggie Thatcher erlebt, die ihn manchmal stundenlang in ein Zimmer einsperrte. Anschließend genoß der Vierbeiner die Zeit mit Regierungschef John Major und seiner Frau Norma, die ihn mit vielen Leckereien und noch mehr Streicheleinheiten verwöhnten. Stundenlang durfte er auf ihrem Schoß kuscheln. Humphreys Konterfei wurde sogar als offizielle Weihnachtskarte des »Cabinett Office« verschickt. Hätte jemand Cherie Blair vor der Wahl gefragt, wie sie zu Kater H. stehe, und sie hätte gesagt, sie werfe das Mistvieh am ersten Tag hinaus – wahrscheinlich wäre John Major heute noch im Amt.

Man hat Humphrey viel anhängen wollen, zum Beispiel, daß er sich an den Entenküken der Königin im St. James-Park vergriffen habe. Er soll sein Terrain mit wilden Attacken verteidigt, jeden vierbeinigen Eindringling angefaucht und mit Prankenhieben vertrieben haben. Und einmal wäre der Kater fast mit Bill Clinton aneinandergeraten, konnte dem chromblitzenden Cadillac des US-Präsidenten gerade noch rechtzeitig ausweichen. Eine Vollbremsung des Chauffeurs verhinderte Schlimmeres. Humphreys

Gesundheit hat im politischen Alltag in der Downing Street schwer gelitten. Ein Arzt stellte Nierenbeschwerden fest. Sein Gesundheitszustand interessierte die Engländer so sehr, daß das medizinische Bulletin in den Abendnachrichten verlesen wurde – vier Tage lang. Sein augenblicklicher Aufenthaltsort ist Verschlußsache. Ein neuer Kater aber kommt nicht ins Haus. Bewerbungen sind zwecklos. Das hat Cherie Blair unmißverständlich klargemacht.

Die neue First Lady Großbritanniens ist eine typische Vertreterin ihrer Generation. Sie kann hart sein wie Stahl, aber auch weich wie Butter. Der Vergleich mit der US-Präsidenten-Gattin Hillary Clinton liegt nahe und wurde von der englischen Presse vielfach gezogen. Cherie Blair, die unter ihrem Mädchennamen Booth arbeitet, will davon nichts wissen: Zwar sind sowohl sie als auch Hillary Clinton ausgezeichnete Anwältinnen, haben in ihren Professionen Karriere gemacht und sich politisch engagiert. Und beide gelten als einflußreiche Beraterinnen ihrer Männer. Trotzdem hält Cherie sich aus dem Job ihres prominenten Mannes heraus. Bei den Frauen britischer Regierungschefs ist das Tradition. Die Damen stehen an der Seite ihres Mannes, betrachten es als ihre Aufgabe, charmante Plauderinnen und attraktive Dekoration zu sein. Mrs. Blair hat aus den Fehlern von Mrs. Clinton gelernt, denn: Die Wahlkämpfe auf beiden Seiten des Atlantiks ähneln sich.[4] Noch immer ist in weiten Teilen Amerikas und Großbritanniens der Typus der »Trophy Wife«,[5] der strahlenden und repräsentativen »Frau an seiner Seite«, offenbar gefragter als die selbstbewußte und schlagfertige Powerfrau, die mit viel Eigeninitiative ihren Weg geht. Hillary Clinton trat zu Beginn sehr machtbewußt auf. Spätestens seit sie mit ihrer Gesundheitsreform gescheitert ist, hat sie den Kurs geändert.[6] Jetzt schüttelt sie bei jeder sich bietenden Gelegenheit lieber Kinderhändchen, lädt 70 Fotografen ins Weiße Haus ein und bäckt geduldig Mohn- und Mandelkekse, um zu demonstrieren, daß sie ganz für die Familie da ist und die Küche ein ihr durchaus vertrauter Raum ist. Einhellige Meinung der geladenen Gäste: Das Gebäck schmeckt köstlich. Für die deutschen TV-Verantwortlichen wäre das Grund genug, ihr sofort eine Koch-Sendung anzubieten.[7] Konkurrenz für Alfred Biolek und Christiane Herzog.

Cherie Blair benutzt eine modernere Variante, um mit dem Wahlvolk zu kommunizieren. Sie übernimmt für eine Ausgabe die Chefredaktion der Frauenzeitschrift »Prima« (550 000 Auflage) inklusive Strickmuster. Chefredakteurin Lindsay Nicholson nach der Zusammenarbeit: »Eine tolle Frau. Von ihr kann man eine Menge lernen, und ich hoffe, wir können diese Zusammenarbeit irgendwann noch einmal wiederholen.« Bei einer anschließenden Leserinnen-Diskussion plaudert die Gattin des Premiers aus ihrem Hausfrauenalltag und verrät, daß sie die Beine auch schon mal gern auf den Tisch legt und Teebeutel zuweilen mehrfach verwendet. Die Blair-Berater klatschen sich vor Begeisterung auf die Schenkel. Soviel mütterliche Bodenständigkeit kommt an. In Amerika würden sie deshalb vermutlich von militanten Frauenverbänden verfolgt, in Großbritannien schmunzelt man darüber eher verständnisvoll.[8]

Cherie Blair hat seit der Wahl ihres Mannes zum Vorsitzenden der Labour-Partei im Juni 1994 nie mehr öffentlich zum Thema Politik Stellung genommen, und sie hat kein einziges offizielles Interview mehr gegeben. In Gegenwart von Journalisten schweigt sie so beharrlich, daß manche sich fragen, ob sie überhaupt eine Stimme hat. Sie hat. Laut Ohrenzeugen: sexy, rauchig-dunkel. In der ganzen Zeit fällt sie dadurch auf, daß sie nicht auffällt. Auf Galas, Benefiz-Veranstaltungen und Polit-Empfängen hält Mrs. Blair standhaft Händchen und den eigenen Mund. Einzige Ausnahme: Bei einer Bootstour im Hafen von Bristol weigert sie sich, auf Bitten der Reporter in die Kamera zu winken. Süffisanter Kommentar: »Ich halte lieber beide Hände am Steuer.« Das kann man interpretieren, wie man will. Während des Wahlkampfs ihres Mannes zum Regierungschef spielt sie die Rolle des lächelnden Mäuschens. Erfolgreich, wie man inzwischen weiß. Das Mutti-Outfit ist wichtig, um die konservativen Wähler zu locken, glauben

Kommentatoren zu wissen. Heute ist das Schnee von gestern. Das Kapitel des guten, alten Rollenklischees von der Gattin, die adrett gekleidet und artig drei Schritte hinter ihrem Mann hertrottet, ist passé. Als Schattenfrau aber hat sich die Anwältin nie empfunden.

Cherie Blair hat einen eigenen Kopf, einige in ihrem näheren Umfeld behaupten sogar Sturkopf. Mit ihrem ausgeprägten Sinn für Gerechtigkeit ist sie nicht ohne Einfluß auf Tony Blairs Politik. Die Devise heute lautet: Volkstümlichkeit ja, Anbiederung nein. Die oft kühl wirkende Cherie Blair, die nur in der Familie oder bei Freunden richtig aufblüht, legt Wert auf den kleinen Unterschied. Ihre protokollarischen Verpflichtungen an der Seite des Premierministers sind – wenn formell überhaupt welche bestehen – gering. First Lady-Vorgängerin Norma hat sich selten an der Seite des Regierungschefs John Major in der Öffentlichkeit gezeigt. Sie, die vor lauter Sparsamkeit ihre Kleider selber nähte und Käsereste einfror, konnte der Polit-Show um ihren Mann wenig abgewinnen. Nur wenn die Kameras auf sie gerichtet waren, zeigte sie ihr »verschämtes Hausfrauenlächeln« (The Guardian). Auf Bitten von Fotografen wurde das Ritual auch wiederholt, aber der Blick verriet: Muß dieser Affentanz denn wirklich sein? Ich bin doch nur die Frau des Regierungschefs. So ihre Grundeinstellung.[9] Die Gesichtszüge Norma Majors normalisierten sich erst wieder, wenn die Fernsehmeute ihre Arbeit vollendet hatte. Schauspielern konnte die zweifache Mutter nicht, und sie versuchte auch gar nicht erst so zu tun, als ob. Vor lauter Nervosität zupfte die Ex-First Lady ständig an ihrem dunkelgrauen Kleid herum. Sie haßte es, wenn aller Augen auf sie gerichtet waren. Die frühere Hauswirtschaftslehrerin zog es vor, ihren Sohn James und ihre Tochter Elizabeth zu erziehen, ihre stille Neigung zur klassischen Musik zu pflegen und der Öffentlichkeit zu erzählen, daß ihr größter Wunsch sei, eines Tages ein eigenes, schuldenfreies Haus zu haben. Ihr Credo: »Home's Best« – nichts geht über ein gemütliches Zuhause. Der Karriere ihres Mannes stand sie immer skeptisch gegenüber. Sie litt unter seinem

Streß, nannte sein Verhalten egoistisch. Einer Freundin erzählte Norma Major, die in ihrer reichlichen Freizeit ein vielbeachtetes Buch über die Opernsängerin Joan Sutherland schrieb, sie habe Angst, das Leben könnte ihr entgleiten, vielleicht sogar ihr Mann. Die Rolle der First Lady schlug ihr so sehr aufs Gemüt, daß sie während ihrer Zeit in der Downing Street fast fünf Kilo abnahm. Nach sechs Jahren war der Spuk vorbei.[10] Zu ihrer zwölf Jahre jüngeren Nachfolgerin hat Norma Major keinen Kontakt. »Cherie Blair hat ja keine Ahnung, was sie erwartet. Man hat dort absolut kein Privatleben«, war ihr Kommentar, als die Blairs in die Downing Street zogen. Zu unterschiedlich sind ihre Lebensauffassungen. Hausfrau gegen Karrierefrau – das geht selten gut.

»Ich bin kein pflegeleichtes Anhängsel, führe mein eigenes Leben, habe Bedürfnisse, die ich mir erfüllen will«, verkündet Cherie Blair in regelmäßigen Abständen, so als müßte sie immer wieder darauf hinweisen, daß sie ernst genommen werden möchte. Ein Irrtum – längst hat sie ihre Bewährungsprobe bestanden – und zwar mit Bravour.

Ihr Geheimnis ist zweifellos ihre zwanglose, offene Art. Sie sucht den Kontakt, kennt keine Berührungsängste. Ihre Gestik ist raumgreifend und einladend, ihre Augen strahlen Wärme und Ehrlichkeit aus. Zweifel an ihrer eigenen Courage hatte sie früher einmal, heute steht sie gern im Mittelpunkt. Welch ein Unterschied zu Norma Major. Die aktuelle First Lady hat das Talent, Leute magisch anzuziehen, und sie hat die Gabe, zuhören zu können. Eine Eigenschaft, die in unserer schnellebigen, egoistischen Zeit immer seltener wird. Sie vermittelt in Perfektion das Gefühl, daß die Sorgen anderer auch ihre Sorgen sind. Ihr Mann bekannte schon vor Jahren: »Cherie ist von Natur aus brillant, ich muß mir immer alles erarbeiten.«[11] Sie läßt sich von niemandem vorschreiben, was sie zu denken und zu sagen hat – weder beruflich noch privat. In Gesprächen am heimischen Kamin spielt die Arbeit ihres Mannes eine wichtige Rolle, und nicht immer bleibt es beim plauschigen Erfahrungsaustausch. Da gibt es auch schon mal hitzige Debatten. Nur werden die Blairs niemals laut, zu groß ist die Achtung voreinander.

Als eine der ersten Maßnahmen nach dem Machtwechsel schickt das Presseamt des Premiers einen Brief an sämtliche Chefredakteure des Landes, in dem »The Prime Minister and Mrs. Cherie Blair« um Rücksichtnahme auf das Privatleben der Kinder bitten. Der traurige Anlaß: Wochen zuvor erschütterte eine schreckliche Kidnapping-Geschichte England. Der zehnjährige Sohn eines Versicherungsmanagers wurde in Birmingham auf offener Straße entführt. Die Gangster meldeten sich am nächsten Morgen, forderten umgerechnet 100 000 Mark Lösegeld. Nach der Geldübergabe wurde der Junge wieder freigelassen. Das Martyrium dauerte 42 Stunden. Die ganze Zeit mußte er in einer engen Kiste hocken, wurde von den Verbrechern getreten und geschlagen. Die Ärzte diagnostizierten anschließend vier Brüche, zahlreiche Prellungen und eine schwere Kopfwunde. Die Gangster wurden nie gefaßt.[12] Kein Einzelfall – weder in England noch in anderen Ländern.

Weiter sorgt Cherie Blair dafür, daß der Amtssitz in Downing Street Nummer 10 zur Begegnungsstätte wird. In regelmäßigen Abständen dürfen dort Kinder im Garten spielen, werden mit Kakao und Kuchen bewirtet, und meistens sind auch die »Blair-Rabauken« (Cherie Blair) dabei. Ebenso ist Downing Street, früher eine absolute Tabuzone, heute gelegentlich für Besuchergruppen geöffnet.

In den heiligen Hallen regiert jetzt »Superstar« Tony Blair – wie alle Premiers seit dem Jahr 1735. Er gebärdet sich wie ein moderner Cäsar – und das Volk jubelt ihm zu. Der in Edinburgh geborene Politiker, der seine Kindheit in Australien und der nordenglischen Industriestadt Durham verbrachte und mehrere »drakonische« Eliteschulen besuchte, hat das Image des jugendlichen Strahlemanns, des erfolgreichen Sonnyboys. Seine Lockerheit steckt an. Er gibt Riesenfeste und ist »everybody's darling«. Zu seinen Gästen zählen Rockstars wie die Gruppe »Oasis«, Schauspieler und Fußballer als Ikonen der Massenkultur. Ein harter Schlag für

Ex-Premier John Major. Der frühere Bankangestellte, der das Image ausstrahlt, mit ihm könne man sich an einem Winterabend bedenkenlos zum Bridge verabreden, beklagt sich auf einer Toilette im »House of Commons« bei einem Mitpinkler über seinen Nachfolger: »Ich habe auch Partys gegeben. Nur, ich habe nicht soviel Gewese darum gemacht.« Und einen Parteifreund läßt er wissen: »Der Junge wird auch noch Lehrgeld zahlen.«[13]

Tony Blair wird in seiner Jugend wegen seiner »süßen Ohren« von Schulkameraden »Bambi« genannt. Später ist er »Little Stalin«, wegen seiner kalten, erfolgreich durchgezogenen Polit-Strategien. Eine der ersten Entscheidungen, die Tony Blair nach der Amtsübernahme trifft, ist, daß innerhalb des Kabinetts Titel abgelegt werden. Die Anrede »Prime Minister« wird durch »Tony« ersetzt. Und der 45jährige hat mit einer von den Tories gern gepflegten Tradition gebrochen: In seiner Regierungszeit wird er der Königin keine ausgedienten Minister oder Unterhausabgeordneten, die sich lediglich durch Absitzen mehrerer Legislaturperioden auszeichneten, für den Ritterschlag oder sonstige Orden vorschlagen. Die Sympathiewerte des »Kennedy von Großbritannien« (Independent) in den Meinungsumfragen steigen.

»So etwas hat es seit Beginn der Demoskopie noch nicht gegeben«, staunt Politologe Anthony Kind von der Universität Essex.[14] Kein europäischer Politiker ist in den letzten beiden Jahren derart über den grünen Klee gelobt worden wie der britische Regierungschef mit seinem einnehmenden Lächeln. Die Leute schätzen Blairs charismatische Auftritte, bei denen er mit Engelsblick und der Rhetorik eines Messias Moral predigt und eine »nationale Erneuerung« fordert. Die Reden des »Hoffnungsträgers« (Newsweek) kreisen um »The People« – das Volk, für das er Politik macht. Volkes Willen und Wünsche hat der sanfte, schmale Brite vorsorglich bereits ermittelt. In »Fokusgruppen«, Meinungsumfragen und einem »Superpanel« von 5 000 ausgewählten Briten werden Labours Gesetzesvorhaben und Initiativen vorgetestet.

»Anstrengung, Disziplin und persönliche Verantwortung«, so

lautet der Wertedreiklang, den Blair dem Individuum wie der Gesellschaft predigt. Die Botschaft von der »gegenseitigen Verpflichtung« findet nicht nur Zustimmung bei der englischen Bevölkerung, sondern auch beim politischen sozialistischen Partner. Bundeskanzler Gerhard Schröder schmeichelte sich damit, als »deutscher Blair« betitelt zu werden.

Nicht weniger erfolgreich ist Ehefrau Cherie Blair. Sie versteht sich als engagierte Feministin, verdient mit 560 000 Mark Jahreseinkommen doppelt soviel wie ihr Mann. Für viele Engländer ein Unding. 1997 wird die nach der Queen und der Parlamentspräsidentin offiziell »dritte Frau im Staat« von ihren Standeskolleginnen und -kollegen zur »Juristen-Persönlichkeit des Jahres« gekürt. Selbst ihre beruflichen Neider halten Cherie Blair/Booth für eine »blitzgescheite Superfrau« (Times). Die Top-Anwältin, die bereits drei Tage nach der Geburt ihrer Tochter Kathryn wieder im Gerichtssaal stand, ist wegen ihrer Hartnäckigkeit gefürchtet. Wer sich beruflich mit ihr anlegt, hat nichts zu lachen. Als Dienerin des Rechts vergißt sie alle Politik, hat gelegentlich eine Gemeindeverwaltung gegen Poll-Tax-Verweigerer vertreten, was leicht irritierend ist, weil die Poll-Tax (Wahlsteuer) von Labour als die ungerechteste Steuer der Thatcher-Ära bekämpft wurde. Und einmalig in der britischen Justizgeschichte: Die Frau des bürgernahen Premiers zieht gegen die Regierung ihres Mannes vor Gericht – vor den Europäischen Gerichtshof in Luxemburg, Aktenzeichen C 249/96, der Fall Lisa Grant. Die 29jährige Schalterbeamtin aus Hampshire hat ihren Arbeitgeber, die Eisenbahngesellschaft »South West Trains«, verklagt. Grund: Ehepartner und auch Lebenspartner bekommen von dem Unternehmen Freifahrtscheine. Das gilt aber nicht für Miss Grant und ihre Freundin Jill Percey, 37. Die beiden leben in einer lesbischen Beziehung. »Das sexuelle Privatleben geht einen Arbeitgeber nichts an. Das ist eine Diskriminierung Homosexueller«, argumentiert Cherie Booth. »Der Staat muß diese Benachteiligung aufheben.«[15]

Der Einsatz für Homosexuelle hat der gläubigen Katholikin Cherie Blair, die jeden Sonntag mit ihrer Familie in die Kirche geht, hämische Kommentare eingebracht. Die ambitionierte Anwältin fürchtet sich vor keiner Kontroverse. Und auch nicht davor, daß ihr berufliches Engagement Ehemann oder Partei schaden könnte. »Nennen sie mir einen einzigen Grund«, beschied die Karrierefrau einen besorgten Labour-Mann im Wahlkampf, »warum ich nach dem Wahlsieg meines Mannes als Frau des Regierungschefs nicht mehr arbeiten dürfte.«

Die First Lady kann mit Kritik umgehen. Als herauskommt, daß sie sich zwei Halbtagssekretärinnen auf Staatskosten leistet, um ihren Nebenaufgaben als PR-Gattin nachzukommen, kontert sie mit dem Hinweis, sie brauche einfach Organisationshilfe für die zahlreichen Aktivitäten, von Kinderfesten bis zur Behindertenfürsorge. Und den vom Massenblatt »Sun« erhobenen Vorwurf, sie würde sich zu wenig um ihren Nachwuchs kümmern und ihn der Obhut teurer »Nannys« überlassen, begegnet sie mit den Worten: »Diese Unterstellung beweist, wie schlecht mich einige Journalisten kennen.« Und sie fügt in einem Radio-Interview hinzu: »Nehmen Sie bitte zur Kenntnis, daß Euan, Nicky und Kathryn für mich wie für meinen Mann Dreh- und Angelpunkt unseres Lebens sind. Wir sind da für ihre Sorgen und Ängste. Es wird ihnen an nichts fehlen, das können Sie mir glauben.«

Ein weiterer Versuch, das Familienleben der Blairs anzukratzen, scheitert ebenfalls. Es wird beanstandet, daß sie ihre Kinder auf katholische Eliteschulen schickt und nicht auf eine politisch korrekte staatliche Gesamtschule. Cherie selbst hat eine Konventschule mit ausgezeichneten Noten besucht. Sie weiß, daß ihr Erfolg dort der Schlüssel für ihre heutige Karriere ist. Und so ist es keine Überraschung, daß sie die gleiche Chance für ihre Kinder wünscht. Etwas naiv ist jedoch ihre Hoffnung, daß diese Entscheidung als »privat« respektiert wird. Also gibt es zu diesem Vorwurf der Heuchelei keine Stellungnahme der First Lady. Ebenso wenig zu der spekulativen Überlegung der Presse, daß Tony Blair zwar England regiert, sie aber ihn regiert. So etwas wird von den Verantwortlichen der Pressestelle nur mit einem müden Lächeln quittiert.

Ein Kinderspiel ist es nicht, die zeitaufwendige Karriere, die zahlreichen gesellschaftlichen Verpflichtungen als Erste Frau des Staates und die Familie unter einen Hut zu bringen. Manchmal wächst ihr alles ein bißchen über den Kopf. Da kommt es dann schon mal vor, daß Cherie Blair einen schlechten Tag hat, an sich und der Welt zweifelt. Dann fallen Äußerungen wie: »Mein Leben begann als Tochter von Jemandem, jetzt bin ich die Ehefrau von Jemandem, und vermutlich werde ich als die Mutter von Jemandem in die Geschichte eingehen.« In solchen Situationen sucht sie Rat bei einer Freundin. Außerdem kommt ihre Mutter oft an den Wochenenden. Und ihre Schwester Lyndsey wohnt nur zwei Minuten entfernt, ebenfalls eine berufstätige Mutter. Die beiden Frauen sind sich sehr nahe, ähneln einander »wie zwei Erbsen« (Daily Express) und unterstützen sich gegenseitig bedingungslos. Der Frust der Stehauffrau dauert meistens nur ein paar Stunden. Dann hat sie neue Kraft gesammelt und krempelt die Ärmel hoch. Durchhänger oder Depressionen sind im Tagesablauf nicht vorgesehen. »Im letzten Sommer geriet ich wirklich in Panik«, erzählt Cherie Blair. »Ich hatte versprochen, bei der Enthüllung der Isaac Newton Statue vor der Bibliothek dabeizusein. Zur selben Zeit aber hatte ich einen Gerichtstermin. Es ist einfach furchtbar.« Nach ein paar Telefonaten waren die Herren beim Gericht so nett und verschoben den Prozeß um einen Tag. Es war aber nicht nur ein Zugeständnis an die Gattin des Regierungschefs, sondern auch der Tribut an eine Frau, die ansonsten für ihre Zuverlässigkeit und Disziplin bekannt ist.

Cherie Blair ist beides, eine treusorgende Mutter und eine ambitionierte Anwältin. Spezialgebiet: Arbeitsrecht. Sie verkörpert eine neue Generation von Politiker-Ehefrauen, die Familie und Beruf gleichzeitig meistern, wie zum Beispiel in Polen, Spanien und Deutschland. Im Berufsleben besteht Englands »Energiebündel« (The Express) auf ihrem Mädchennamen: Cherie Booth. In ihrem Zwei-Zimmer-Büro, nur vier Minuten vom Regierungssitz entfernt, warten riesige Aktenberge. Und mittendrin zwei Telefone und ein leistungsfähiger Computer. Wenn es die Zeit erlaubt, trifft sie sich mit Freunden zum Mittagessen in ihrem Lieblingsrestaurant »Charlick's« in der Gray's Inn Road, wo sie gern nur einen kleinen Salat ißt. Beim Lunch wird angeregt über die Fernsehsendungen des Abends zuvor debattiert, der jüngste Klatsch ausgetauscht und ein Blick in die Zeitungen geworfen. »Ich amüsiere mich immer köstlich über die neuesten Fotos von mir«, verrät Cherie Blair.[16] Aber sie tut auch etwas für ihr Image. Seit dem letzten Sommer hat sie sogar eine eigene Homepage im Internet. »Die Leute wollen wissen, was ich tue, und sie haben ein Recht darauf. Ich suche die Kommunikation, sitze nicht im Glashaus.« Die Seite wird jeden Tag aktualisiert – zusammen mit den neuesten Fotos von ihr.[17]

Cherie Blairs jüngster Coup: Zusammen mit Ex-Beatle Paul McCartney und Ex-»Spice-Girl« Geri Halliwell gründete sie eine Organisation, die sich verstärkt um die Problematik »Brustkrebs« kümmert. Sie fordert mehr Erfahrungsaustausch unter den Ärzten, national wie international. Eine Aktion, die ihr am Herzen liegt, ebenso wie das Thema »Frauen im Beruf«. Vor über 80 geladenen Gästen sprach sie im vergangenen Herbst darüber in einer Londoner Bekleidungsfirma, die überwiegend Frauen beschäftigt. Kernsätze: »Es ist verdammt schwer, Beruf und Familie zu koordinieren. Es gibt keinen Grund, weder für Mann noch Frau, sieben Tage zwölf Stunden zu arbeiten und die Kinder kaum zu sehen. Es kann nur zu Komplikationen führen, wenn Bezugspersonen nicht vorhanden sind. Es gibt für Frauen keinen Grund, so zu sein wie Männer. Frauen sollten versuchen, ihre eigene Bestimmung zu finden, und ihrem Instinkt folgen. Und zwar auf einem Weg, der es ihnen erlaubt, eine vernünftige Balance zwischen Beruf und Karriere zu ermöglichen.«[18]

Der Vortrag erhält viel Beifall. Es ist kein neues, aber ein vielschichtiges Problem in Großbritannien. Trotz der vielgerühmten britischen Tugend, sich fair zu verhalten, werden Frauen auf der Insel immer noch unfair behandelt. Die Männer-Bastionen der edlen Clubs wollen Frauen ebensowenig aufnehmen wie 70 Prozent der 2 000 Golfclubs des Königreichs. Einige Vereine haben inzwischen zugestimmt, daß Frauen zu vorher festgelegten Zeiten spielen dürfen. Es war ein harter Kampf, und es wird noch viel Überzeugungsarbeit nötig sein, um »normale Verhältnisse« zu schaffen. Noch immer haben Frauen zu vielen Bars keinen Zutritt. Und immer noch werden 20 Prozent der berufstätigen Frauen für gleichwertige Arbeit schlechter bezahlt als Männer.

Ausnahmen bestätigen die Regel – wie im Hause Blair. Als Juristin hat sie es »zu Seide gebracht«, als »Queen's Counsel« (Kronanwältin) gehört sie zur Elite der Anwaltschaft, die bei Gericht einen Talar aus Seide tragen darf. Cherie Blair: »Ich hätte nichts dagegen, wenn noch mehr Anwältinnen meine Amtskleidung trügen.« Mit dieser Ernennung verbunden ist eine englische Tradition: Die ausgezeichnete Person ist frei vom Verdacht eines Interessenkonflikts aufgrund der von der Politik unabhängigen Justiz, und sie kann sich unbelästigt von Paparazzi und Autogrammjägern bewegen, da alle öffentlichen Personen, außer der königlichen Familie, ein Recht auf privates Leben haben.

In ihren Kreisen, auch in England als »Toskana-Fraktion« und »Champagner-Sozialisten« bezeichnet, wird die Advokatin und Mutter bewundert, weil sie keine halben Sachen kennt. Ihr Credo: »Ich bin mehr Gehirn als Kleiderständer.«[19] Es gibt nicht wenige, die behaupten, Cherie Blair sei intelligenter, warmherziger, interessanter und auch bodenständiger als ihr Mann, und es wird behauptet, Tony Blairs Polit-Aufstieg wäre ohne seine Frau nicht denkbar gewesen. Sie hat ihn motiviert, sie hat ihn beraten und, wenn es nötig war, auch angetrieben. Die »Times« meinte vor ein paar Monaten, »das wirkliche Problem mit der Frau des Labour-Führers ist ihr Erfolg, ihre Intelligenz und ihr unabhängiger Geist«.

Was soll's, beide sind auf ihrem jeweiligen Gebiet geschätzte Profis, beide sind gleichermaßen populär. Der Premier hat mit solchen Behauptungen kein Problem. Er ist in guter Gesellschaft. Auch US-Präsident Bill Clinton gesteht ehrlich: »Meine Frau ist klüger als ich.« Tony Blair ist ein Bauchmensch, der genau weiß, was bei der Bevölkerung ankommt. Seine Frau dagegen ist eine Persönlichkeit, die stets sofort weiß, was sie will und was nicht. Und sie ist die bessere Theoretikerin, denkt in größeren Dimensionen. Das zumindest behauptet Maureen Johnson von Associated Press.

»Auf Cherie treffen alle meine bevorzugten F-Wörter zu«, schwärmt am Tag nach dem Wahlsieg ihre Freundin, die in London lebende australische Schriftstellerin Kathy Lette. »Sie ist feministisch, fröhlich, freundlich, fabelhaft und bewegt sich mit Bravour und Leichtigkeit zwischen Kindern und Karriere. Welch großes Vorbild für die britischen Frauen. Für mich ist sie die Musterfrau des kommenden Jahrhunderts.«[20] Zu ähnlichen Superlativen greift auch der Schauspieler Anthony Hopkins (»Das Schweigen der Lämmer«): »Diese junge Dame ist das Beste, was diesem Land passieren konnte. Cherie ist dynamisch, ehrlich und willensstark. So eine Frau läßt hoffen auf bessere Zeiten für Großbritannien.«[21] Und begeistert ist auch der Bildhauer und Maler Tony Bevan, 47: »Ich bewundere Cherie Blair aus vollem Herzen. Eine Bilderbuchkarriere, ein Märchen – von der Tellerwäscherin zur Millionärin. Schön, daß so etwas in diesen verrückten Zeiten noch möglich ist.«[22]

Der Weg vom kleinen Mädchen aus ärmlichen Verhältnissen bis zur First Lady war schmerzlich und holprig. Cherie Blair wird am 23. September 1954 in Bury bei Liverpool geboren, wächst in einfachen Verhältnissen auf. Sie hat, wenn auch nicht im Wortsinn, ihren Vater früh verloren. Der in England bekannte Schauspieler Tony Booth verließ ihre Mutter, ebenfalls Schauspielerin, als Cherie noch in den Windeln lag. Die Mutter Gale mußte von nun an in einem »Fish & Chip«-Shop jeden Tag zehn Stunden schuften, um Cherie und ihre zwei Jahre jüngere Schwester Lyndsey großziehen zu können. Zeitweise wohnten die beiden Mädchen bei den Großeltern. Cherie absolvierte die High School als Klassenbeste. Sie studierte dank eines Stipendiums an der Oxford-Universität und an der »London School of Economics« (LSE), wo sie ihr Studium in Rechtswissenschaft mit Auszeichnung beendete. Ihr Vater Tony Booth war ein mittelmäßiger Schauspieler und hatte seine große Zeit in den sechziger Jahren, als er in einer satirischen TV-Serie (»Bis daß der Tod uns scheidet«) als schmarotzender Tagedieb im ganzen Land bekannt wurde.[23] Nach 36 Folgen war Schluß mit Glanz und Glamour. Sein Name tauchte nur noch selten in den Besetzungslisten auf. Für Schlagzeilen sorgte der Schauspieler aber weiterhin: Sein Privatleben war chaotisch. Von drei weiteren Frauen bekam er noch fünf Kinder, doch auch diese Beziehungen waren alles andere als glücklich. Er hatte aufgehört, seine Affären zu zählen. Der Schürzenjäger und Trunkenbold ging mit zwei Firmen pleite, legte sich immer wieder mit der Polizei an und wurde bei einem Verkehrsunfall auf dem Highway schwer verletzt. 40 Prozent seiner Haut verbrannten. Vier Monate mußte er im Krankenhaus bleiben. 1989 erschien seine Autobiographie. Einige Zeitungen berichteten, er habe Cherie Blair und ihre Mutter Gale darin mit keinem Wort erwähnt. Andere Publikationen schrieben, es ginge in dem Buch ausschließlich um seine erste Ehe. Cherie Blair hat »dieses Familientheater« nicht vergessen: »Ich glaube, mein Vater hatte schauspielerisches Talent. Aber er stand sich lange Zeit selbst im Wege, hat alles versaut mit seiner Egozentrik.«

Oft war sie als junges Mädchen ganz auf sich allein gestellt. Für ihre Probleme gab es zu Hause keinen Ansprechpartner. Die Mutter kam abends kaputt von der Arbeit, wollte nur noch ihre Ruhe. Die Schwester hatte mit sich selbst genug zu tun, stellte die Ohren auf Durchzug. Nur bei einem Menschen fand Cherie immer wieder Trost. Es war ihr Lehrer Denis Smerdon[24] an der »St. Edmund's Roman Catholic Primary School« in Waterloo, Liverpool. Er kümmerte sich rührend um die »Kleine«. Sein Kommentar nach der Ernennung zur First Lady: »Cherie ist was ganz Besonderes. Sie hat immer nach vorn geschaut, und sie hat einen unbändigen Willen. Ich ahnte damals schon, aus ihr wird einmal eine ganz prominente Persönlichkeit. Das habe ich irgendwie gespürt.« Der frühere Spitfire-Pilot aus dem Zweiten Weltkrieg wohnte mit seiner Frau und den vier Kindern in der Nachbarschaft. Oft spielten sie miteinander, oft war er der Ansprechpartner für ihre Sorgen und Nöte. Nicht selten ging Cherie direkt nach der Schule zu den Smerdons und blieb bis zum Abendessen. Nachts hat sie viel geweint, aber sie hat sich nicht unterkriegen lassen. Schon in früher Jugend entwickelte Cherie Booth kämpferischen Ehrgeiz, nahm ihr Leben selbst in die Hand. Die Folge: Der Haussegen hing immer häufiger schief. »Ich wollte einfach nur raus aus diesem privaten Elend, der Armut und dem miefigen Liverpool.«

So eine Frau strebt nach Freiheit und Unabhängigkeit. Das Erbe ihrer Mutter ist der tiefgläubige Katholizismus, vom Vater hat sie die starke Neigung zur Labour-Party mitbekommen. Hineingeboren in Liverpools Arbeiterklasse, wählt Tony Booth seit den fünfziger Jahren die Roten, ist oft im Wahlkampf aktiv gewesen. Wenn er gut drauf ist, gibt er Harold Wilson und James Callaghan als seine Freunde aus, was aber nicht beeindruckte, als er einmal ins Röhrchen blasen mußte und den Polizisten bat, doch Harold und James anzurufen. »Auf der Höhe seines Ruhms«, hat Cherie Booth gesagt, »hatte ich schon meine Probleme mit meinem Vater.« Inzwischen haben sich die beiden ausgesöhnt und besuchen einander regelmäßig. Vergessen sind die zahlreichen Streitereien. Heute gibt es einen anderen Fixpunkt.

Die Love-Story zwischen Cherie Booth und Tony Blair begann im Sommer 1975 in der Anwaltskanzlei Alexander »Derry« Irvine. Sie hatte bereits die einzige Referendarstelle in der Tasche, als Tony Blair sich ebenfalls bewarb. Cherie Booth, introvertiert und ein bißchen kontaktscheu, bringt die besseren Abitur-Noten und die bessere Beurteilung ihrer Uni mit. Tony Blair, der langhaarige, blasse Freizeitmusiker (Akustikgitarre) und Hansdampf in allen Gassen, überzeugt durch seine charismatische Ausstrahlung und seine Redekunst. Irvine gab schließlich beiden eine Chance. Ihr erster Eindruck von dem stets gutgelaunten Kollegen, der auch schon mal zu spät kommt: »Intellektuelles Leichtgewicht, Mittelstand, typischer Absolvent von Internaten und Eliteschulen.« Sein erster Eindruck von der jungen, attraktiven Kollegin, die morgens schon vor Arbeitsbeginn im Büro anzutreffen war und abends oft länger blieb: »Intelligenzbestie, Streberin. Sie weiß, was sie will, und arbeitet hart dafür.«[25]

Tony Blair denkt gern an die Anfänge ihrer Liebe zurück: »Wenn wir mittags alle zusammen in die Kneipe gingen, blieb Cherie meistens im Büro. Sie aß ihre mitgebrachten Sandwiches und las juristische Fachliteratur. Ich war ungeheuer beeindruckt. Sie war so völlig anders als die anderen. Total in sich ruhend. Und natürlich spielte auch eine Rolle, daß sie ziemlich gut aussah.«

Lange blieb Cherie Booth unerreichbar für Tony Blair, der inzwischen schwer verliebt war. Erst auf der Weihnachtsfeier 1976 kommen sich die beiden näher: Bei einem neckischen Luftballon-Spiel mit anschließender Polonaise. Erste tiefe Blicke, erste zufällige Berührungen. Wenig später gewinnt Kanzlei-Chef Irvine einen wichtigen Prozeß und lädt seine beiden jungen Mitarbeiter aus Dankbarkeit für ihre Mithilfe zum Essen ein. Das mit vielen südländischen Pflanzen dekorierte Lokal heißt »Luigi's«. Es wird für Tony und Cherie Blair das längste Mittagessen ihres Lebens: »Wir plauderten so intensiv miteinander, daß wir gar nicht merkten, daß sich Irvine inzwischen aus dem Staub gemacht hatte und es draußen bereits dunkel geworden war. Wir blieben in unserer gemütlichen Ecke, lachten viel und speisten in aller Ruhe zu Abend. Und plötzlich war es geschehen. Amors Pfeil hatte uns erwischt. Wir schwebten auf Wolke sieben, konnten kaum noch einen klaren Satz sprechen, was aber nichts mit dem Alkoholkonsum zu tun hatte.« Es folgen durchtanzte Nächte und lange Spaziergänge Hand in Hand, viele Kinobesuche und Polit-Veranstaltungen – und immer häufiger bleibt ein Bett kalt. Sie wollen die Welt verändern, und oft sind sie tagelang verschwunden – unerreichbar für Familie und Freunde. Tony Blair: »Mit jedem Tag wurde mir klarer, das ist die Frau, mit der ich für den Rest meines Lebens zusammenbleiben möchte.«[26]

1979 Verlobung, im März 1980 dann Heirat in Oxford, wo Cherie Blairs geschiedene Mutter Gale heute lebt. Er ist 26, sie ein Jahr jünger. Vor der Ehe hat sie ihm ein Opfer abverlangt: »Hör auf zu rauchen.« Auf der Hochzeitsfeier stellt sich »Derry« Irvine den Gästen augenzwinkernd als »Mr. Cupid« vor – was so viel heißt wie »Liebesgott Amor«. Als Premierminister revanchiert sich Tony Blair. Er holt den »Kuppler«, inzwischen Lord Irvine, als Oberhaus-Präsidenten und Chef der Gerichtsbarkeit in sein Kabinett.

Cherie Blair ist ihrem Mann immer einen Schritt voraus – schon vor der Heirat. Sie ist seit 1976 überzeugtes Mitglied der Labour Party, vor ihm, und sie ist linker, als er es je gewesen ist. Das gemeinsame Leben der Blairs wäre anders verlaufen, wenn sie früher in der Politik Fuß gefaßt hätte. Der alte Tony Booth hilft dem jungen Tony Blair bei den ersten Schritten. Er bringt ihn mit einem Abgeordneten zusammen, von dem der junge Tony so beeindruckt ist, daß er sich entschließt, auch Abgeordneter zu werden. Cherie Booth kandidiert vor ihrem Mann in einem Wahlkreis vergeblich. Die Verabredung zwischen beiden sieht vor, wer zuerst ins Parlament einrückt, wird vom anderen unterstützt. Bei den Wahlen 1983 gehen beide ins Rennen um einen Sitz im Unterhaus. Er kandidiert in Sedgefield, sie in Thanet West. Die Entscheidung fällt deutlich zugunsten ihres Gatten aus. Die Enttäuschung hält sich in Grenzen, die Freude, daß ihr Mann es geschafft hat, überwiegt. Die Würfel sind gefallen, und der Siegeszug des dynamischen Sozialdemokraten nimmt seinen Lauf.

Seit zwei Jahren ist Tony Blair Großbritanniens populärer Premier und Cherie Blair die beliebte First Lady des Landes. Bei Englands Strahle-Präsidenten gibt es keine Seitensprünge und schon gar keine Sex-Affären wie bei anderen Staatsoberhäuptern der westlichen Welt. Englands neues Power-Paar verbindet nicht nur die Lust an der Macht, sondern auch eine große, romantische Liebe. Der »Hausherr« in der Downing Street hat vor seiner Ehe nur ein paar Flirts, aber »nichts Ernstes« – nicht einmal eine schmerzhafte Jugendliebe mit vielen Tränen. Kein Journalist im ganzen Land kann

Familie Blair macht Urlaub in Frankreich. Cherie und Tony Blair stellen sich mit ihren Kindern in dem kleinen Dorf Saint Martin d'Oydes den Fotografen.

über Tony Blair etwas herausfinden, das ihm hätte schaden können. Keine unehelichen Kinder, kein Strafzettel wegen Falschparkens, keine Prostituierte, die aus dem Nähkästchen plaudert. Und die Boulevardschreiber auf der Insel sind nicht gerade zimperlich, wenn es darum geht, die klatschfreudige Öffentlichkeit mit Sensationen zu füttern, wie es die englische Königsfamilie immer wieder und nicht selten unterhalb der Gürtellinie zu spüren bekam. Der als »Frauenheld« apostrophierte Tony Blair ist treu wie Gold. Dazu noch ein treusorgender Vater, der Kathryn schon mal das Schulbrot schmiert und seine Söhne zum Sport fährt. Und Tony Blair ist ein passabler Hausmann: »Ich kann zwar so ziemlich alles kochen, aber wie es schmeckt, ist eine andere Sache.« Cheries Kommentar: »Er putzt ausgezeichnet Schuhe und bringt auch den Müll weg. Er ist nicht sehr vertraut mit der Waschmaschine, aber er weiß wenigstens, wo sie steht.«[27]

Der Alltag bei den Blairs beginnt um 6.30 Uhr, wie bei vielen anderen Familien auch. Zuerst kommt Töchterchen Kathryn ins Schlafzimmer gerannt. Keine fünf Minuten später hüpft Sohnemann Nicki ins Ehebett. Seine größte Sorge eine Viertelstunde später beim Anziehen: Sitzt der Schlips der Schuluniform richtig?

Es ist Tony Blairs Aufgabe, den Morgentee zu kochen und seiner Frau die erste Tasse ans Bett zu bringen. Als die Kinder im Säuglingsalter waren, war er es, der nachts aufstand, das Baby aus der Wiege nahm, es zur Mutter brachte, damit das Kind gestillt werden konnte. Oft holte der gelernte Anwalt die Kinder nachmittags von der Schule ab, brutzelte ihnen was zu essen, überwachte die Hausaufgaben, spielte mit ihnen am späten Nachmittag und sorgte dafür, daß sie mit geputzten Zähnen ins Bett gingen. Heute kommt Tony Blair kaum noch zu seinen Hausmannspflichten, die er jedoch ohne Murren und Druck akzeptiert. Als Regierungschef glänzt er immer häufiger durch Abwesenheit. Nicht selten reist er in der Weltgeschichte herum. Nicht selten dauert sein Arbeitstag 15 Stunden. Gäste wie Lionel Jospin, Gerhard Schröder oder Bill Clinton kennen keine gesetzlich vorgeschriebenen Dienstzeiten.

Das Privatleben kommt zu kurz. Beide Seiten geloben Besserung, aber bislang blieb es bei Versprechungen. Nur den gemeinsamen Urlaub lassen sie sich nicht nehmen, der ist ihnen heilig. Die Neider sind nicht weit: Immer wieder wird der Flug der Familie Blair mit dem königlichen Jet nach Bologna moniert. Immer wieder melden sich die Euroskeptiker zu Wort. Die »Times«: »Wie kann Blair gegen Europa sein, wenn er auf einer toskanischen Piazza sitzt und auf die mittelalterlichen Palazzi schaut.«

Trotz aller Polemik: Wenn die Zeit es zuläßt, verbringen die Blairs, die drei Kinder, Schwiegermutter und Kindermädchen mindestens zwei Wochen in Italien, am liebsten auf dem Landsitz Cusona bei San Gimignano. Der Besitz gehört dem Prinzen Girolamo. Die Blairs haben den unteren Teil des Landsitzes mit der gewaltigen Bibliothek gemietet. Es ist ihr Domizil seit vielen Jahren. Dort gibt es einen Swimmingpool und einen Tennisplatz. Der angeheuerte Trainer arbeitet regelmäßig mit Tony Blair, um seine Rückhand zu verbessern. Aber es gibt noch einen anderen Grund, warum es die beiden immer wieder in die Toskana zieht: »Hier habe ich Cherie den Heiratsantrag gemacht. Diesen Augenblick werde ich nie vergessen. Ein romantischer, lauwarmer Sommerabend auf der Terrasse, umgeben von lieblichen Weinhügeln und mittelalterlichen Städtchen – es war wie im Paradies.«

Der passable Hausmann und unverbesserliche Romantiker ist ein Vater, dem seine Familie über alles geht. Was nicht alle Politiker von sich behaupten können. Während des Wahlkampfs schrieb er einen Brief an seine Tochter Kathryn, der durch eine Indiskretion an das Boulevardblatt »Daily Mail« gelangte:

»Liebe Kathryn ... Du wächst in einer Welt mit viel mehr Chancen auf, als Deine Großeltern hatten – aber in mancher Hinsicht ist es auch eine Welt voller Gefahren und Unsicherheiten. Großbritannien ist eine große Nation. Keiner soll Dir sagen, in einem anderen Land ist das Leben lebenswerter. Aber laß Dir auch nicht erzählen, Großbritannien könne nicht noch besser werden. Wir sind ein Land mit Talenten, aber auch ein Land, das diese Talente oft nicht zur Blüte bringt. Manchmal scheinen wir alt, müde und bitter geworden, berufen uns auf unsere Vergangenheit, anstatt daran zu arbeiten, daß wir wieder eine große Nation werden. Wir sind kein Land mehr, das, wie es in ›Star Trek‹ heißt, ›kühn zu neuen Ufern‹ aufbricht. Wenn ich sehe, wie Du Dich mit Schwung in neue Aktivitäten stürzt, dann erkenne ich, daß es die Energie der Jugend ist, die aus Großbritannien wieder ein Land voller Enthusiasmus und neuer Ideen machen kann. Ich will, daß Unternehmer und Menschen mit innovativen Ideen den Rückhalt bekommen, den sie brauchen. Ich will ein Großbritannien, in dem jedes Kind eine gute Schule besuchen kann, in der es vor allem denken und seine Phantasie gebrauchen lernt. Ich will ein Großbritannien, in dem die Menschen der Politik wieder vertrauen. Ich will ein Großbritannien, in dem der staatliche Gesundheitsdienst wieder zu einem Sicherheitsanker wird. Ich will ein Großbritannien, in dem die Menschen nicht auf Sozialhilfe angewiesen sind, weil sie keinen Arbeitsplatz finden. Und ich träume von einer Nation, in der ich als Vater mir weniger Sorgen machen muß, wenn Du alleine weggehst. Ich will, daß Großbritannien in Europa eine führende Rolle einnimmt, um

britischen Interessen zu dienen. Es gibt keine größere Verantwortung als die, die Eltern für ihre Kinder tragen. Meine Pflicht als Vater kommt an erster Stelle. Aber weil ich ein besseres Großbritannien schaffen will, deshalb bin ich in die Politik gegangen ...

In Liebe, Dad«

Soviel Emotionalität und Ehrlichkeit rührt. Bei den Blairs ist alles echt, das Familienleben, die gemeinsamen politischen Ziele und ihre Liebe. Bei jeder sich bietenden Gelegenheit schmiegt sie sich an ihn, und er umarmt sie stolz. Wer den Stier-Mann und die Waage-Frau live erlebt, ist immer wieder erstaunt, wie zärtlich sie immer noch miteinander umgehen. Sie küssen sich ungeniert in der Öffentlichkeit und suchen den Hautkontakt. Die Presse kommentiert diese öffentlichen Liebesbeweise als »etwas naiv, aber echt«. Cherie selbst sagt, warum sie in der Wahlnacht nicht imstande war, die Hände von ihrem Mann zu lassen: »Er ist 42 Jahre, und die Erotik der Macht ist eben verdammt sexy.« Und falls es so ist, daß Eheleute im Lauf der Jahre einander ähnlich werden, dann sind die Blairs dafür ein Beleg. Beide zeigen beim Lächeln beide Zahnreihen – und das oft und lang. Beide bevorzugen den Trippelschritt. Tony Blair ist einfach nur stolz auf seine Frau, bedankte sich kürzlich öffentlich für 19 Jahre Glück: »Ich liebe Cherie. Sie ist der Fels, auf den mein Leben aufgebaut ist.« Das tut gut, ist Balsam für die Seele. Eine intakte Beziehung geht ihr über alles, die Familie ist ihr Anker. Sie hat nie ihr Elternhaus vergessen, ihre trostlose Jugend ohne Vater, ihre überforderte Mutter. Das soll ihr nicht passieren. Und dafür kämpft sie jeden Tag aufs neue.

Soviel Harmonie in einer Zeit, in der der Spruch »Frauen und Männer passen einfach nicht zusammen« immer mehr Bedeutung bekommt und jede dritte Ehe geschieden wird, läßt Skepsis aufkommen, vielleicht aber auch Bewunderung. Trotzdem gibt es Unterschiede und unterschiedliche Interessen, aber nur in wenigen kleinen Punkten: Er ist ein Frühaufsteher, sie ein notorischer Morgenmuffel. Er ist Protestant, sie Katholikin. Sie liebt Magazinsendungen und politische Analysen im Fernsehen, er schwärmt für Abenteuerfilme. Während sie sich nicht selten Arbeit mit nach Hause nimmt, ist er bei Feierabend nur noch Ehemann und Vater: »Zu Hause bin ich 100 Prozent Privatmann. Nicht einmal wenn ich selbst auf dem Bildschirm bin, sehe ich mir das an. Ich kann prima abschalten, und darüber bin ich sehr froh.« Am Tag vor seinem Wahlsieg 1997 holt sich Tony Blair den packenden US-Agententhriller »Mission Impossible« mit Tom Cruise, Jon Voight und Emmanuelle Béart in den Hauptrollen aus der Videothek. Die Familie macht sich einen gemütlichen Sonntagnachmittag bei Tee und Gebäck.[28]

Das ist zwei Jahre her, und es ist eine Menge passiert: In Ermangelung handfester Skandale und Affären im Privatleben der Bilderbuchfamilie hat sich die Klatschpresse eine Zeitlang darauf eingeschossen, Cherie Blairs äußeres Erscheinungsbild zu kommentieren. Als ihr Mann 1995 Labour-Parteichef wird, kritisieren die Journalisten sie wegen ihrer biederen Kleidung. Die Tageszeitung »Times« bezeichnet sie als »Muster linksgestrickter Uneleganz«, weil sie »Cowboystiefel mit Fransen zu Kordsamtanzügen, rosafarbene Blusen zu hellgrünen Röcken« trug. Der »Daily Telegraph« attestierte ihr einen »Lieschen-Müller-Geschmack«. Und das Skandalblatt »Sun« charakterisierte sie nicht nur als modisch »unauffällig und langweilig« gekleidet, sondern setzte noch einen oben drauf und bezeichnete sie als »zu pummelig«. Den Gipfel der persönlichen Diffamierungen erreichte Anne Leslie von der »Daily Mail«. A. L. giftete: »Sie hat Glubschaugen und ein ängstliches, kleines Chihuahua-Lächeln«, bezeichnete sie als »etwas charmlos, ohne Charisma und tierisch ernst«. Starker Tobak! Auch die renommierte Image-Beraterin Mary Spillane schreit immer wieder entsetzt auf: »Cherie ist die schlechtgekleidetste Frau, die ich kenne. Wie kann man sich nur so anziehen. Sie trägt wieder alle Farben durcheinander. Einfach schrecklich.«

Als ihr Mann 1997 Regierungschef wird, vollzieht Cherie Blair auf massiven Druck der Öffentlichkeit hin einen modischen Imagewechsel. Kaum in Downing Street 10 angekommen, rüstet sie ihren Kleiderschrank auf: für 11 000 Mark bei Londons In-Designern Nicole Farhy, Sara Sturgeon und Ronit Zolka. Inzwischen ist die zierliche, dunkelhaarige Dame (Kleidergröße 36), die sich einen teuren Modestylisten leistet, mit ihrem Outfit zufrieden. Ihre Kostüme kommen bei der Damenwelt Großbritanniens und auch international so gut an, daß die Modeschöpfer um ihren Umsatz nicht bangen müssen. Die First Lady nun als Trendsetterin! Ihre neu gestylte flotte Kurzhaarfrisur ist Cherie Blair jetzt so wichtig, daß sie ihren Haarkünstler André Suard mitnimmt, als sie im Sommer 1997 ihren Mann nach Denver (US-Bundesstaat Colorado) zum Weltwirtschaftsgipfel begleitet. 5 700 Mark läßt sich die First Lady diesen Luxus kosten. Der Franzose mit Wohnsitz London frisiert sie an vier Tagen zweimal täglich. Das Geschrei ist groß im heimischen Blätterwald, von Verschwendungssucht ist die Rede, Rechnungen werden aufgemacht. Logisches Ergebnis: Ein guter Friseur aus Denver wäre billiger gewesen: Waschen und Fönen ca. 100 Mark. Schnell stellt sich heraus: Cherie Blair hat die Reise und den Aufenthalt ihres Friseurs aus eigener Tasche bezahlt. Die Protestler müssen schweigen. Dafür tragen heute immer mehr Britinnen Cheries Kurzhaarfrisur – an den Seiten etwas länger, oben Streichholzlänge.[29]

Aber nicht nur für Kleidung und Frisur opfert die Karrierefrau inzwischen viel Zeit. Es werden keine Mühen und Kosten gescheut. Auch die Figur wird neuerdings getrimmt. Look und Linie bekommen zunehmend Bedeutung. Mindestens zwei- bis dreimal treibt die zierliche Britin (1,65 Meter groß) zu ganz früher Stunde schweißtreibenden Sport in einem Fitneßcenter im Regent Park. Sie hat sich einem Trainer für 50 Pfund (umgerechnet ca. 145 Mark) die Stunde anvertraut und akzeptiert bereitwillig jede Art von körperlichen Dehn- und Streck-Übungen. Kommentar: »Ich tue das für mich und nicht, um der Öffentlichkeit zu gefallen. Außerdem, die Konkurrenz schläft nicht.«

Und auch Schmuck hat sie sich zugelegt. Seit ein paar Monaten trägt Cherie Blair immer häufiger ein kreisrundes silbernes Amulett als Anhänger an einer Halskette. Ganz England rätselt, was es mit dem Modeschmuck auf sich hat: Der amerikanische Wunderheiler Charles Brown aus Montana hat es entwickelt. Die ungewöhnliche Form (wie eine fliegende Untertasse) erschien ihm nachts im Traum. In das Amulett aus mattem Silber sind winzige Kristalle eingelassen. Sie sollen »bioelektrische Strahlen« und den »bösen Blick« unfreundlicher Menschen abwenden. Schon 22 000 dieser Amulette hat der US-Guru verkauft. Offizielle Stellungnahme des Büros von Frau Blair: »Das ist ein ganz normales Schmuckstück – sonst gar nichts.« Kosten? »No comment!«

An Cherie Blair interessiert inzwischen alles. Die Sensationspresse Großbritanniens gibt keine Ruhe. Wenn sie schon keine Fakten hat, dann stellt sie Fragen. Hat sie einen neuen Mantel oder nicht? Welche Farbe haben ihre Fingernägel jetzt? Seit wann lackiert sich die First Lady die Fußnägel? Oder, man glaubt es kaum: Welche Hautcreme benutzt die charmante Botschafterin für ihr Dekolleté? Fragen, die die Welt bewegen. Trotz hartnäckiger Recherchen, die Antworten stehen noch aus.

Cherie Blair rückt zunehmend ins Medien-Interesse. Nicht nur als First Lady. Für Schlagzeilen sorgt sie immer wieder auch als Rechtsanwältin. Im Frühjahr 1998 wird die Ehefrau des Premierministers Tony Blair von den Verantwortlichen der 300 Jahre alten Brauerei »Shepherd Neame« aus der Grafschaft Kent als Rechtsanwältin angeheuert.[30] Grund: Schatzminister Gordon Brown hat in seinem Haushaltsplan vorgeschlagen, die Biersteuer um einen Penny auf 32 Pence (ungefähr 96 Pfennige) für das »Pint« (0,57 Liter) zu erhöhen. Die verantwortlichen Herren waren entsetzt. Nach Angaben des britischen Brauereiverbandes lagen die vergleichbaren Steuern in Deutschland bei 4 Pence, in Frankreich bei 5 Pence, in Belgien und den Niederlanden bei 8 Pence. Die Ungleichheit stellte einen Verstoß gegen den Vertrag von Rom und der Europäischen Union dar, der eine Harmonisierung der Abgaben vorschreibt. Ein Sprecher der »Shepherd Neame«-Brauerei: »Cherie Booth ist einfach die beste Anwältin für diesen Job.«

Die Anwältin geht immer mal wieder auf Konfliktkurs zur Regierung, deren oberster Dienstherr ihr Mann ist. Im September 1997 kämpft sie gegen das Erziehungsministerium für ein Schulmädchen, das von der Schule ausgeschlossen wird, nachdem dessen Vater den Direktor tätlich angegriffen hatte. 1998 stritt sie für die Rentenansprüche von Teilzeitarbeitern und Niedrigverdienern. Bislang hat sie die Hälfte aller Prozesse gewonnen.

An Arbeit wird es auch in Zukunft nicht mangeln für die charmante First Lady und engagierte Arbeitsrechtsexpertin. Ihr Name öffnet inzwischen alle Türen, ist Synonym für Gerechtigkeit, Engagement und Zähigkeit. Ihr Erfolg gründet sich darauf, daß sie ihre Wurzeln niemals verleugnet, geschweige denn verdrängt hat. Sie steht zu ihrer Jugend und hat daraus Lehren gezogen.

Cherie Booth kommt aus kleinen Verhältnissen und hat sich entschlossen, mit viel Arbeit und Energie große Reputation zu erreichen. Sie ist auf dem besten Wege, das zu werden, was man in Großbritannien »flamboyant« nennt. Sie strahlt Power aus, sieht zu allem Überfluß auch noch notorisch erholt und ausgeschlafen aus und ist erfolgreich als Mutter und Anwältin. Er gilt als der erfolgreichste Politiker seines Landes seit Jahrzehnten. Tony & Cherie sind das Traumpaar, für das jede Treppe die Herausforderung zu großen Sprüngen ist. Wenn die moderne, gleichberechtigte Ehegemeinschaft für die Fotografen mehr grienend als grinsend Fish and Chips ißt, sich im fernen Hongkong mit Stäbchen versucht und vor laufender Kamera herumturtelt wie ein Teenagerpärchen, dann stimmt für viele Briten die Welt. Sie kommentieren diese Idylle mit den Worten: »Sind sie nicht süß!« Das ist keine Frage, sondern ein Bekenntnis. Zweifler haben keine Chance, kritische Anmerkungen sind unerwünscht. Im Land von Maggie Thatcher und Queen Elizabeth II. können die Menschen inzwischen mit starken Frauen umgehen.

Die Liebe von Cherie und Tony Blair beinhaltet aber auch Verzicht. Für den geliebten Mann unterdrückt sie ihren Herzenswunsch: Richterin am Obersten Gerichtshof in London zu werden.

Keiner bezweifelt, daß sie das Zeug dazu hätte. Ihr augenblickliches Pech ist, daß die höchsten juristischen Lordschaften von der Regierung ernannt werden. Solange ihr Mann die Macht in den Händen hält, kommt das wegen des Verdachts der Vetternwirtschaft einfach nicht in Frage. Und es sieht nicht so aus, als ob Premierminister Blair schon bald wieder abtreten müßte.

Anmerkungen

1 »Süddeutsche Zeitung« vom 25. November 1997
2 »Sunday Times« vom 25. August 1997
3 »Frau im Spiegel« vom 22. Mai 1997
4 »The Times« vom 7. Februar 1998
5 »Spiegel« vom 15. November 1998
6 »The Times« vom 28. Mai 1997
7 »New York Times« vom 29. Mai 1997
8 »Independent« vom 10. September 1997
9 »Süddeutsche Zeitung« vom 22. März 1997
10 »Die Welt« vom 28. September 1996
11 »Sunday Times« vom 12. Juni 1997
12 »The Sun« vom 14. Oktober 1997
13 »Daily Telegraph« vom 16. Juli 1997
14 »Die Zeit« vom 24. September 1998
15 »Telegraph« vom 10. Juli 1997
16 »Frau im Spiegel« vom 17. Mai 1997
17 »Telegraph« vom 28. April 1998
18 »Observer« vom 21. September 1997
19 »New York Times« vom 29. Mai 1997
20 »Observer« vom 2. Mai 1997
21 »Daily Telegraph« vom 3. Mai 1997
22 »The Sun« vom 3. Mai 1997
23 »Daily Telegraph« vom 24. Juni 1998
24 »The Times« vom 1. November 1997
25 »Daily Telegraph« vom 7. Juli 1997
26 »The Times« vom 12. August 1997
27 »Observer« vom 11. Juli 1997
28 »Berliner Morgenpost« vom 7. Mai 1997
29 »You Magazine« vom 8. Juli 1997
30 »Frankfurter Allgemeine Zeitung«

Österreich

Sonja Klima, Ehefrau des österreichischen Bundeskanzlers, gilt als »bestaussehende Politikergattin Europas«.

Es vergeht kaum ein Tag, an dem sein Bild nicht in den Zeitungen erscheint. Österreichs smarter Bundeskanzler Victor Klima liebt es, im Rampenlicht zu stehen. Ganz im Gegensatz zu seiner 15 Jahre jüngeren Ehefrau Sonja. Die attraktive First Lady – eine Mischung aus Hiltrud Schröder und Hollywood-Schauspielerin Sandra Bullock – ist mit Herz und Seele Lehrerin und denkt gar nicht daran, sich in das politische Alltagsgeschäft einzumischen. Für sie hat die Schule Vorrang. Bei prunkvollen Staatsempfängen ist der Stuhl an der Seite des 51jährigen Regierungschefs nicht selten leer. Einige Zeitungen loben ihr Engagement für die Gleichberechtigung zwischen Mann und Frau, andere Publikationen sind sich sicher, daß die überzeugte Umwelt- und Tierschützerin ihren Mann fest im Griff hat. Sonja Klimas größter Wunsch: ein Kind.

Sonja Klima

Auf dem großen rotbraunen Jugendstil-Schreibtisch des österreichischen Bundeskanzlers häufen sich rechts und links hohe Aktenberge. Daneben ein heller, fast durchsichtiger Bergkristall aus den Alpen. Die schlichte Lampe auf der linken Seite spendet warmes Licht. Lesebrille, Kugelschreiber und Notizblock dokumentieren Geschäftigkeit. Der große Aschenbecher dient nicht selten als Aktenbeschwerer, das Handy auf dem zweiten Stapel ist immer griffbereit. Außerdem drei Hochglanzfotografien – eingerahmt von blitzendem Silber – als optische Beweise ehelichen Glücks: Viktor und Sonja Klima bei der Hochzeit, die Klimas beim gemeinsamen Auftritt auf dem »Life-Ball« und die Klimas Hand in Hand auf der Goodbye-Party des Vorgängers im Amt des Regierungschefs, Franz Vranitzky.[1]

Der 51jährige Politiker und die junge Volksschullehrerin sind ein »schönes Paar«. Trotz des Altersunterschieds von 15 Jahren – von Vaterkomplex keine Spur. Seit dem 28. Januar 1997 ist der Vorsitzende der Sozialdemokratischen Partei Österreichs (SPÖ) der neunte Regierungschef der Alpenrepublik.[2] Sie ist seitdem die attraktive First Lady des Landes. Den Titel findet Sonja Klima »einfach gräßlich«: »Ich möchte eine ganz normale Bürgerin bleiben, ohne Tamtam.« Wer sie trotzdem so anredet, erntet erst einmal einen bösen Bick und dann die prompte Belehrung: »Ich heiße Sonja Klima, und so wird es auch bleiben.« Das Adjektiv »attraktiv« sagt ihr auch nichts: »Das klingt ein bißchen lächerlich und langweilig, ist so ein beliebig austauschbarer Begriff geworden.« Und schon gar nicht möchte die junge Frau mit Hillary Clinton in einem Atemzug genannt werden. Zu unterschiedlich sind ihre Welten. Die beiden kennen sich seit 1997, als in Wien die Frauenkonferenz »Vital Voices – Women in Democracy« stattfand. Hillary Clinton, Ex-Anwältin, sprach vor 500 Delegierten aus ganz Europa zum Thema »Die Rolle der Frau in den neuen Demokratien des Ostens«. Es wurde ein beeindruckendes Plädoyer für Freiheit, Frauenrechte und Frieden in einer gesunden Marktwirtschaft. Lange haben die First Ladies anschließend zusammengesessen und angeregt geplaudert. Immer dabei die Fotografen, die jede Bewegung, jede Berührung, jedes Lächeln auf Zelluloid festhielten. Freundinnen wurden sie nicht. Während Hillary Clinton medienwirksam in jede Kamera lächelt, wirkt Sonja Klima eher schüchtern bis eingeschüchtert.

Die Österreicherin ist das krasse Gegenteil der Amerikanerin. Sie interessiert sich für die Politik ihres Mannes, würde sich aber nie einmischen. Nie würde sie vor Kongressen politische Reden halten. Nie würde sie politische Macht haben wollen. »Aber«, sagt die jüngste First Lady Europas, »ich bewundere Hillary Clinton, weil sie ihr politisches Engagement wirklich lebt.«[3]

»Frau Bundeskanzler«, diesen Titel findet Sonja Klima ebenso gräßlich, hat es lieber eine Nummer kleiner. Und das in einem Land, in dem die Gesellschaft großen Wert gerade auf Titel legt. Selbst wenn dabei Kuriositäten wie zum Beispiel »Frau Hofratswitwe« herauskommen. Die attraktive Wienerin mit den langen dunklen Haaren, die eher aussieht wie die Tochter eines Regierungschefs, ist mit Leib und Seele Lehrerin. Sie unterrichtet die dritte Klasse – bestehend aus 27 Schülerinnen und Schülern im Alter zwischen sechs und acht Jahren – an der Volksschule in Rannersdorf. Ein grauer, schmuckloser Bau in einer grauen Gegend. Unter den Eltern der Kinder gibt es fast keine Akademiker, sondern überwiegend Arbeiter, Beamte und kleine Angestellte. Sonja Klima: »Ich sehe jeden Tag, welche Probleme eine Familie hat, die von 15 000 Schilling (ca. 2 150 Mark) im Monat leben muß, wo die Frauen mitarbeiten, um über die Runden zu kommen.«

Die Tochter eines Beamten und einer Schuldirektorin weiß, wovon sie redet. Sie selbst mußte in ihrer Jugend mit wenig Taschengeld auskommen. Nach dem Abitur studiert sie an der Pädagogischen Akademie und muß nach dem Studium zwei Jahre warten, bis sie eine Festanstellung bekommt. Die Zeit überbrückt die junge Frau mit Jobs als Serviererin. Anzügliche Bemerkungen, Kniffe in den Po und Macho-Sprüche inklusive. Aber sie hat sich nichts gefallen lassen. Damals nicht und heute nicht. »Es macht schon Spaß, auf plumpe Anmache eine passende Antwort zu geben«, bekennt Sonja Klima freimütig. Seit 1986 ist sie im Schuldienst. Heute verdient sie 16 000 Schilling (rund 2 300 Mark) netto – das sind immer noch vier Tausender (rund 600 Mark) mehr, als eine Österreicherin durchschnittlich am Ende des Monats auf ihrem Konto hat. Ihren Job als Volksschullehrerin würde sie für kein Gehalt der Welt aufgeben. Für sie ist der Beruf Berufung.

Sonja Klima darf für sich in Anspruch nehmen, eine Lehrerin wie aus dem Bilderbuch zu sein. Ihre drei Kolleginnen attestieren ihr, eine Überzeugungstäterin zu sein. Ihre Beliebtheit läßt sie nicht selten zum Kummerkasten vieler Schülerinnen und Schüler werden. In den Pausen weichen einige nicht von ihrer Seite. Die Arbeitsweise der Lehrerin ist pädagogisch fundiert und fortschrittlich ausgerichtet. Bei ihr sitzen die Kinder schon mal fröhlich locker im Halbkreis auf dem Fußboden, das Klassenzimmer ähnelt einer bunten Räuberhöhle. Sonja Klima sammelt regelmäßig mit den Kleinen in den Straßen des Wiener Vororts Schwechat den Müll zusammen. Sie kennt die Probleme der Eltern, auch die privaten, aus ganz anderer Sicht als ihr Mann.[4]

Bundeskanzler Viktor Klima hat die Basis zu Hause. Seine Frau ist ein unkonventionelles, politisch erfrischendes Korrektiv für den gestreßten Politiker. Der selbstbewußte Staatsmann erweist sich zunehmend als lernfähig. Heute trennt er sogar den Müll. »Das habe ich ihm beigebracht«, sagt Frau Klima stolz.

Die Österreicherin steht in dem Ruf, eine überzeugte Grüne zu sein – und das ist vielleicht der größte Vorteil, den ein Kanzler heute haben kann. Doch sie ist kein Parteimitglied. Die erklärte Atomkraftgegnerin, bekannt für ihr Engagement im Umwelt- und Tierschutz, demonstriert gegen Kraftwerke wie Hainburg und Lambach, eigentlich gegen jeden überflüssigen Eingriff in die Natur.

Gleichzeitig arbeitet Sonja Klima aktiv im Tierschutz mit, verfaßt Resolutionen und organisiert Demonstrationen. In ihren Urlauben war sie in Alaska auf den Spuren der Wale unterwegs und in der Beringstraße, um Eisbären zu beobachten. Sie besuchte Indien, um auf den Rücken von Elefanten eine aussterbende Tigerrasse zu besichtigen, und Venezuela, um sich für die Rettung tropischer Vogelarten einzusetzen. Low-Budget-Reisen waren die Passion der dynamischen Dame. Heute sind diese Trips aus Sicherheitsgründen nicht mehr möglich. Trotzdem fehlt es nicht an Abenteuern. Während eines Kurzurlaubs der Klimas in Tunesien überredete sie ihren Mann in einem zweistündigen Redemarathon, einem Fleischer ein Kamel-Baby abzukaufen, um es buchstäblich in letzter Minute vor der Schlachtung zu retten. Gesagt, getan: Heute lebt das Kamel bei einer Freundin in Tunesien. Beim Thema »Tier« ist Sonja Klima nicht zu stoppen. Darüber kann sie immer und stundenlang reden.

Soziales Einfühlungsvermögen ist der First Lady trotz ihres Aufstiegs in die High Society nicht abhanden gekommen. Sie nutzt die Glitzer- und Glamourwelt als Plattform, um auch dorthin die Diskussion über Umweltsünden zu tragen. Der direkte Draht zu den Schönen und Reichen als Forum für Erfahrungsaustausch und Denkanstöße. Nicht nur in ihrem Mann hat Sonja Klima einen aufmerksamen Zuhörer gefunden.

Die Klimas wohnen in einem weißgetünchten, einstöckigen Reihenhaus mit schmiedeeisernem Zaun in dem Wiener Industrievorort Schwechat, einer eher tristen Gemeinde, die im wesentlichen aus einem Flughafen, einer Brauerei und einer Raffinerie besteht. Gegenüber der Sackgasse ein gepflegter Park. Rechts und links große, weite Felder. Zu den »Untermietern« des Klima-Domizils gehören der kaukasische Hirtenhund »Grolli«, groß wie ein Kalb, der Scotchterrier »Kery«, flink wie ein Hase, und die Schmusekatze »Ashley«, die immer Hunger hat und viel schläft. Die Hunde führt Sonja Klima mindestens dreimal am Tag Gassi. Ein Plausch mit den Nachbarn ist immer drin. Ebenso ein freundliches »Hallo« für jeden Passanten.

Sonja Klima und ihr Gatte Viktor auf einem Ball zugunsten der AIDS-Hilfe im Mai 1997 im Wiener Rathaus

»Die beiden sind die normalsten Menschen, die ich kenne«, schwärmt die Nachbarin am Anfang der Straße. Meist gehen sie Hand in Hand spazieren, reden mit Händen und Füßen. Er hält ihr wie selbstverständlich die Tür auf. Sie streicht ihm fast beiläufig liebevoll über das grauer werdende Haar. Ein charmantes, aufmerksames Paar. Ein Anblick, den man gerne sieht. Die Schwechater haben ihre Freude an dem prominenten Paar, finden es einfach Klasse, daß ein Mann aus einer so einfachen Gegend Bundeskanzler geworden ist. Und richtig stolz sind sie.

Viktor Klimas Bodenständigkeit kommt nicht von ungefähr. »I hoit zu euch«, ich halte zu euch, erklärte er einst dem Kneipenwirt der »Tiroler Stub'n« und blieb während seines politischen Aufstiegs tatsächlich Stammgast. Seit Viktor Klima in Amt und Würden ist, fährt in der Gegend mehrmals am Tag eine Polizeistreife vorbei und sieht nach dem Rechten. Die Dorfbevölkerung ist sich einig: »Jetzt wird hier nicht mehr so oft eingebrochen.« Die Rentnerin, die zwei Häuser weiter wohnt, ist begeistert: »Der kann ja so schön reden.« Und sie fügt hinzu: »Als ich einmal seine Telefonbücher entgegengenommen habe, weil beide nicht zu Hause waren, ist er anschließend gekommen und hat gefragt, ob er mir etwas schuldet. Das fand ich richtig nett. Und ein Trinkgeld hat er mir auch gegeben, für meine Mühe. Das wäre doch nicht nötig gewesen, wirklich nicht!« Eine andere Nachbarin meint: »Wenn unser Bundeskanzler mit den Hunden spielt, kommt er mir vor wie ein kleiner Bub.«

In dem Dorf gibt es keine Geheimnisse, jeder weiß über jeden Bescheid. So hat zum Beispiel Sonja Klima vor einigen Monaten das Wohnzimmer komplett umgestaltet: die Wände hellrosa und eine dunkelbraune Chesterfield-Garnitur anstelle der weißen Ledercouch. Auch die Glasvitrinen aus dem Eßzimmer haben dort einen neuen Platz gefunden. Woher die Nachbarin das weiß? »Mir hab'n doch Augen im Kopf, und außerdem stand stundenlang ein großes Auto vor der Tür.« Sonja Klima hat die Neugestaltung nach langen Überlegungen vollzogen. »Auf meinen Mann soll ein gemütliches Zuhause warten, wenn er nach einem anstrengenden, langen Arbeitstag heimkommt. Nur so kann er wieder Kraft tanken.«

Eine Amtsvilla am Rande von Wien hat das Ehepaar abgelehnt. Sie wollen kein Aushängeschild sein, wollen nicht im »Glashaus« residieren. Die Entscheidung wurde von vielen Ministern mit Kopfschütteln aufgenommen. Die Zeitungen begleiteten den Entschluß mit Unverständnis. Viktor Klima: »Ich sehe die Amtsführung professionell. Das heißt: Wo es notwendig ist, Staatsmann zu sein, tu ich das klar und deutlich. Meine Freunde bestätigen mir aber immer wieder, daß ich mich privat in den letzten 30 Jahren nicht verändert habe, egal was ich in meiner beruflichen Karriere gemacht habe. Wir bleiben, wo wir hingehören. Man muß sich private Dinge erhalten, braucht ein Leben außerhalb der Politik. Sonst kommt irgendwann die große Leere.«

Das 150 Quadratmeter große Eigenheim aus den 70er Jahren mit großem Garten und zahlreichen Obstbäumen wird, wie heute bei Staatsoberhäuptern in aller Welt üblich, rund um die Uhr von der »Security« bewacht. An die Staatspolizisten mit breitem Kreuz und schmalen Hüften haben sich die Klimas gewöhnt. Dafür ist die Belagerung durch Journalisten so gut wie vorbei. Anfangs klingelten die »rasenden Reporter« zu jeder Tages- und Nachtzeit ungeniert an der Haustür, kamen frech in die Schule und störten den Unterricht. Die Fotografen überraschten die First Lady beim Einkauf im Supermarkt. Sie krochen auf allen Vieren durch den Garten und schossen ihre Bilder durch die ebenerdigen Fenster. Heute haben sich die Paparazzi und die First Lady arrangiert. Eine Hand wäscht die andere, und dafür herrscht dann mehrere Wochen Ruhe. Im letzten Sommer durften die Fotografen sie sogar im Jogging-Outfit mit engen Radlerhosen, verschwitztem T-Shirt und hellgelbem Baseball-Käppi ablichten. Die Schnappschüsse fanden reißenden Absatz, wurden sogar in Finnland und Manila gedruckt. Die meisten Journalisten halten sich an diese Abmachung, doch schwarze Schafe gibt's in jeder Branche.

Vor gut zwei Jahren hat Sonja Klima das Laufen als schweißtreibenden Sport für sich entdeckt. Auslöser war ein Repräsentationstermin. Sie war gebeten worden, den Startschuß zum traditionellen Frauenlauf im Donaupark zu geben, und versprach: »Im nächsten Jahr lauf' ich selbst mit.« Ohne Security und Chauffeur. Für ihren Hausgebrauch fährt sie einen in die Jahre gekommenen roten Opel, joggt dreimal die Woche sechs Kilometer in 30 Minuten – vornehmlich im Prater oder auf den Feldwegen um Schwechat. Gelegentlich sind auch ihre Schulkinder dabei. Sonja Klima: »Das einfachste und billigste Training überhaupt. Außerdem ist meine kleine Meute viel ausgeglichener und konzentrierter, wenn ich sie vorher durch die Natur jage.« Mit engagierten Ideen will Sonja Klima der kollektiven Körperertüchtigung auf die müden Beine helfen. Etwa durch einen österreichweiten Schüler-Grand-Prix über eine Meile. Oder einen Staffellauf durch das Land. Ihr persönliches Ziel ist, eines Tages bei einem Marathon mitzulaufen. Und ihr Mann soll den Startschuß geben: »Das wäre ein Traum!«

Sonja Klima, die Powerfrau, ist 1,70 Meter groß und wiegt seit vielen Jahren unverändert 56 Kilo. Sie liebt Schokolade und geröstete Semmelknödel, raucht nicht, radelt viel, fährt Ski, paddelt und reitet für ihr Leben gern auf ihrem »eigenwilligen Gaul« in der Umgebung von Weikersdorf aus. »Jordan« wird nur ein paar hundert Meter vom Eigenheim entfernt fachmännisch betreut.

Golf und Tennis langweilen sie, und an das Freizeitvergnügen Segeln mußte sie sich erst gewöhnen. Der Grund: Ihr Mann ist von Kindheit an ein leidenschaftlicher Segler. Mindestens einmal im Jahr fahren sie mit einer Hochseeyacht in die Ägäis oder ins Mittelmeer. »Kapitän« Viktor Klima übernimmt zielstrebig und entschlossen das Steuer (»Ich darf auf keinen Fall ›Lenkrad‹ sagen«). Sie gehört mit ein paar Freunden zur Crew. Auf solchen Touren kommt es auch schon mal vor, daß die First Lady wagemutig ins Wasser hüpft, um beim Ankern »das glitschige Seil um einen Pflock zu binden«. Eine Ausdrucksweise, die Viktor Klima zur umgehenden Korrektur der Terminologie herausfordert: »Das heißt richtig: die Leine um den Poller legen oder schlicht Mooring.«[5]

Trotz der lieb gemeinten Kabbeleien, bei den Klimas stimmt die Chemie. Und das seit dem ersten tiefen Bick in die Augen. Ergebnis: Bei dem Ehepaar gibt es keine lauten Auseinandersetzungen, keine Skandale. »Wir haben uns seit unserer Hochzeit im Mai 1995 noch nicht einmal ernsthaft gestritten. Mit lautstarken Auseinandersetzungen und durch die Wohnung fliegendem Geschirr können wir nicht dienen«, bezeugen beide unisono. Für die Paparazzi gibt's hier nichts zu holen. Kein Sonnenbad mit freiem Oberkörper auf der Terrasse oder im Garten, kein heimlicher Kuß mit einem Fremden in der Haustür, keine neue Frisur. Die Jungs mit den langen Brennweiten haben sich aus diesem Grund schon lange aus dem Staub gemacht. In Wien-Schwechat werden mit Eintritt der Dunkelheit die Bürgersteige hochgeklappt und die Rolläden heruntergelassen.

Bleibt die schreibende Zunft: Der Versuch einiger Journalisten, Sonja Klima auf ihr hübsches Gesicht – eine Mischung aus Hiltrud Schröder und Hollywood-Schauspielerin Sandra Bullock – zu reduzieren, hat sich schnell erledigt. Der Versuch, in ihrer Jugend herumzukramen und durchtanzte Nächte als wilde Orgien zu interpretieren, scheiterte kläglich. Die Frau paßt in keine Schublade. Sie ist bislang über alle Fettnäpfchen, die einer Persönlichkeit im Rampenlicht gern in den Weg gestellt werden, hinweggestiegen. Deshalb hat es die Boulevardpresse aufgegeben, in der Vergangenheit und im Liebesleben der First Lady und des »Sonnyboys« herumzuschnüffeln, und es ist wieder Ruhe eingekehrt im Hause Klima. Normalität macht sich breit, der Alltag ist wieder Alltag. Auch der Bekanntenkreis wurde nicht gewechselt – keine Politikergattinen, keine prominenten Society-Ladies zählen zu ihren regelmäßigen Gästen. Die beste Freundin Sonja Klimas ist eine fast gleichaltrige Verlagsangestellte, die nur ein paar Meter entfernt wohnt. Ihre Diskretion reicht so weit, daß sie nicht namentlich erwähnt werden möchte. Grund: »Unsere Freundschaft soll nicht ausgeschlachtet werden. Das ist Privatsache, geht niemanden etwas an.« Basta! Die beiden Tierfanatiker machen täglich »Erlebnisausflüge mit unseren Hunden«. Und dann plaudert die Verlagsangestellte doch ein bißchen: »Manchmal waten wir bis zu den Knien mit Jeans und Schuhen in den Flüssen. Weil unsere Hunde eben so gerne schwimmen gehen.« Ebenfalls eine »echte Freundin«, Reitstallbesitzerin Thusnelda Gneist: »Sonja kommt seit zwölf Jahren zu uns, um auf unseren Pferden auszureiten. Sie ist eine leidenschaftliche Reiterin.«

Leben pur, Natur pur. Inzwischen lieben viele Journalisten Sonja Klima insgeheim dafür, daß sie nichts ausplaudert. Im Zeitalter gnadenloser Selbstvermarktung wahrt sie ihre Geheimnisse. Kein Wort über die Lieblingsblume ihres Mannes, kein Wort ihres Mannes über den letzten Zahnarzttermin seiner Frau oder ihr Lieblingsparfüm. Nur soviel: Sie kann Schmuck nicht ausstehen, und er gesteht, bisweilen übertrieben eitel zu sein.

Die Folge: Der österreichische Blätterwald greift bezüglich der Klimas bedenkenlos zu Superlativen. Populär ist die First Lady besonders bei den jungen Frauen. Sie sind es, die ihr schreiben, sie sind es, die sich mit ihr identifizieren. Anders als ihre Vorgängerin Christine Vranitzky, die stets gegen berufstätige Mütter opponierte, stärkt Sonja Klima all jenen Frauen den Rücken, die ihre Kinder in Kindergärten betreuen lassen. Die Kontroverse beschäftigte über Wochen Frauenorganisationen und Familienverbände. Österreichs First Lady nimmt kein Blatt vor den Mund, kündigt offen an, daß sie persönlich Job und Kind sehr gern vereinbaren würde: »Schwerer haben es schon die Mütter, die den ganzen Tag oder sogar am Abend arbeiten müssen – durch die neuen Öffnungszeiten gibt es genug Frauen, die davon betroffen sind. Da muß man schauen, daß es Kindergärten gibt, die auch am Abend offen haben. Da sehe ich derzeit schon große Probleme.« Das Interesse an Sonja Klimas Ansichten ist groß. So sehr, daß sich Ex-First Lady Christine Vranitzky kürzlich besorgt äußerte, ihre Nachfolgerin sei doch sehr jung ins kalte Wasser geworfen worden. Folge dieses Seitenhiebs: Viel Solidarität und Zustimmung für die aktuelle First Lady.

»Sie hat die Herzen der Österreicher im Sturm erobert«, weiß die Zeitschrift »profil« zu berichten. Man bezeichnet die Kanzlergattin als »Schönheit, die mit viel Intelligenz und Weitsicht auf die Probleme der Frauen aufmerksam macht«. Sie wird immer öfter mit der jungen Audrey Hepburn verglichen, die durch ihren Charme besticht, und die Tageszeitung »Der Standard« nennt sie schlicht »Darling der Nation«. Als die Chefredaktion der »Bild«-Zeitung ihr Foto in die Finger bekam, kürte sie die Österreicherin vom Fleck weg zur »bestaussehenden Politikergattin Europas«.

Dabei ist Sonja Klima das genaue Gegenteil eines Polit-Pin-ups. Sie nimmt den Rummel um ihre Person nicht ernster als den nächsten Friseurtermin. So jung und unbekümmert trat eigentlich nur die legendäre Jackie Kennedy in der Szene der führenden Politikerfrauen auf. Vom Repräsentieren hält Sonja Klima wenig bis nichts. Lächeln für die Fotografenmeute ist ihr zuwider. Und drei Schritte hinter ihrem Mann herzudackeln, kommt ihr einfach nicht in den Sinn. Bei wichtigen Staatsauftritten bleibt der Platz an der Seite Viktor Klimas häufig leer. »Die Schule ist mir wichtiger. Im letzten Jahr habe ich nicht einen Tag geschwänzt.«[6]

Doch wenn die schlagfertige Volksschullehrerin an offiziellen Empfängen teilnimmt, dann genießt sie das Ambiente und die Atmosphäre, weil sie »meist interessante Menschen kennenlernt«. »König Albert von Belgien war sehr erstaunt, daß ich als Frau des Bundeskanzlers arbeiten gehe. Ich habe ihm erklärt, daß ich meinen Beruf liebe und meine Identität nicht verlieren will.« Und sie ergänzt: »Es würde ja auch niemand zu einer Politikerin sagen: Warum geht Ihr Mann arbeiten? Mich stört, daß es hier noch keine Gleichberechtigung gibt. Ich liebe meinen Job – warum sollte ich ihn also aufgeben?«

Ähnlich konkrete Ansichten vertritt Sonja Klima auch zum Thema Mode, die in vorangegangenen Generationen immer wieder eine maßgebliche Rolle spielte. In Designer-Outfits kommt sie sich jedoch deplaziert vor. Auch als First Lady trägt sie preisgünstige Kleidung von der Stange. Ohne lange zu überlegen gesteht sie: »Ich kaufe alle meine Klamotten bei der Kleider-Kette ›Turek‹. Und am meisten freut mich, wenn jemand eines meiner 1 500 Schilling (ca. 200 Mark)-Kleider für top-modisch hält. Mode hat für mich keinen Stellenwert – Kleider sind absolut Nebensache.« Sehr zum Ärger einiger Modehäuser in Wien. Die »feinen Herren« waren entsetzt über diese Einstellung. Sie setzten sich zusammen und protestierten scharf in Fachzeitschriften. Alle Versuche der Branche, die grazile Schönheit auf den Laufsteg zu schicken, scheiterten – trotz lukrativer Angebote.

Als ein Fotograf der Wochenzeitschrift »News« die erklärte Gegnerin von Pelzmänteln in einem Kleid von Versace und einem Kostüm von Thierry Mugler ablichten wollte, lehnte die Lehrerin strikt ab: »Das ziehe ich ganz sicher nicht an. Niemals würde ich mir ein Kostüm für 10 000 Schillinge (ca. 1 400 Mark) kaufen. Warum soll ich es dann auf einem Foto tragen?« Auch der Versuch, die

Bundeskanzler Viktor Klima und seine Frau Sonja als Taufpaten bei der Militär-Hundestaffel in Kaisersteinbruch am 28. September 1997

attraktive Wienerin für einen Film zu gewinnen, scheiterte. Findige Regisseure hatten damit spekuliert, ihr die Hauptrolle in einem »Sissi«-Remake anzubieten. Die Offerte blieb im Ansatz stecken, das Thema war schnell vom Tisch.[7]

Bisherige Bilanz der Kanzler-Gattin: Das Leben von Sonja Klima hat sich nicht merklich verändert. »Ich konnte meine Persönlichkeit behalten, bin die Frau Lehrerin geblieben. Manchmal sagt ein Schüler oder eine Schülerin schon mal: »Frau Lehrerin, ich hab' sie gestern in der Zeitung gesehen.« Das registriert Österreichs junge Landesmutter mit einem verstohlenen Lächeln. Und sie paßt ein bißchen mehr auf, was sie sagt, denkt intensiver nach, um keine Reibungsflächen zu bieten, die ihr Mann dann ausbaden müßte. Ansonsten hat die First Lady durchgehalten, was sie sich vorgenommen hat: »Ich will lieber im Hintergrund bleiben, meinen Job als Lehrerin gut machen und auf keinen Fall versuchen, jetzt die große Dame zu spielen. Ich bin eher eine Anti-First Lady. Mein Mann ist der Politiker und steht im Vordergrund. So soll es auch bleiben.«

Der smarte, stämmige Wiener ist Vollblutpolitiker. Er steht gern im Blitzlichtgewitter, klopft Schultern und ist auch schnell mit dem »Du« bei der Hand. Auf Wahlkampfveranstaltungen nimmt der Mann vom Ballhausplatz auch schon mal einen Musikanten huckepack, oder er greift zur Trompete, ohne einen richtigen Ton herauszubringen. Einem Ministerkollegen zog er vor laufender Kamera mit den Worten »Wie du wieder aussiehst!« die Krawatte zurecht.

Viktor Klimas Motto: »Reden ist Silber, Handeln ist Gold«. Der »Clinton aus dem Alpenland« (Spiegel) verordnete den Bürgern in den letzten Jahren einen drastischen Sparkurs. Den Dämmerschlaf in den Wiener Parteizentralen hat er jäh beendet. Der Sohn eines früheren Gemeinderates und späteren Berufsschuldirektors (der inzwischen verstorben ist) und einer Haushälterin überzeugt seit seinem Amtsantritt durch Pragmatismus, Entscheidungsfreude und eine gesunde Portion Populismus. Stets trägt er seine »Montur«: dunkelblauer Anzug, weißes Hemd, rote Krawatte.[8] Ein Outfit, das in seiner uniformen Monotonie einen letzten Rest von Verbundenheit mit dem Proletariat signalisieren soll.

Viktor Klima, der jeden Tag, sehr zum Ärger seiner Frau, bis zu zwei Schachteln Zigaretten raucht und alle Entziehungskuren in dieser Hinsicht erfolglos abgebrochen hat, ist alles andere als ein Langweiler wie viele andere Politiker in Europa. Seine Karriere ist beispielhaft. Der gelernte Betriebswirt und spätere Topmanager schaffte in nur sieben Jahren den Sprung vom Verkehrsminister über den Finanzminister und späteren Kunstminister bis zum ebenso stolzen wie starken Regierungschef. In der zweiten Hälfte 1998 übernahm der 1,86 Meter große »Bulle mit dem Zahnpastalächeln« (Die Woche) die Präsidentschaft in der Europäischen Union und löste diese Aufgabe mit Bravour. Viktor Klima ist, das bestätigen sogar seine politischen Gegner, ein Mann der Tat, keiner, der einem kopfnickenden Dackel auf der Hutablage im Auto gleicht. Sein Wort hat Gewicht. Er regiert Österreich mit harter Hand, Charme und Gefühl. Der »rote Macher« (Focus) und »Medienstar« (Format), der zu wichtigen Terminen inzwischen von einer eigens ausgesuchten

Fotografin begleitet wird, ist ein bißchen wie Dr. Jekyll und Mr. Hyde. Im Job ist Viktor Klima besessen und korrekt – auch gegenüber seinen zahlreichen Mitarbeitern. Viele nennen ihn »Vikerl«. Daheim ist er der geduldigste Mensch der Welt, ein Mann, der den Schriftsteller Robert Musil (»Der Mann ohne Eigenschaften«) verehrt und zeitgenössische Kunst sammelt, ein Mann, der Harmonie braucht und seiner Frau jeden Wunsch von den Lippen abliest. »Der Mann mit Eigenschaften« ist ein Kavalier der alten Schule, hilft seiner Frau in den Mantel und hält ihr die Wagentür auf. Und ohne Gute-Nacht-Kuß gehen die Lichter nicht aus.

Die Love-Story zwischen Viktor und Sonja Klima begann an einem lauen Frühlingsabend im Wonnemonat Mai 1994. Vorangegangen war die Scheidung von seiner ersten Frau Hannelore. Die Trennung, die von ihr ausging, wurde nicht zum Rosenkrieg, wie sonst bei vielen Paaren üblich. Die beiden einigten sich in aller Freundschaft. Schmutzige Wäsche wurde nicht gewaschen. Die Presse mußte sich mit einer kurzen 14-Zeilen-Meldung begnügen. Zurück blieben die Kinder Jan (geb. 1971) und Julia (geb. 1979). Der damalige Verkehrsminister zog in eine kleine Zweizimmer-Wohnung, lebte von Zigaretten und Tiefkühlkost, wurde schnell zu einem seelischen Wrack. Er zweifelte an seinem Leben, ging tagelang nicht ans Telefon, verkroch sich in den eigenen vier Wänden. Freunde konnten wenig ausrichten. Seine Mutter besuchte ihn so oft wie möglich. Alle Aufmunterungsversuche blieben erfolglos. Auch die gutgemeinte Floskel »Das Leben geht weiter« stieß auf Unverständnis. Und plötzlich scheint wieder die Sonne. Vorbei sind die zermürbenden Selbstzweifel, vorbei die langen schlaflosen Nächte. Auf einer Feier im Bierzelt zu Berndorf begegnete ihm die damals 30jährige Sonja Holzinger. Wie es sich für einen Sozialisten gehört, am 1. Mai. Nach mehreren Feiern zum »Tag der Arbeit« hatte Ernst Höger, SPÖ-Chef und Landesvize von Niederösterreich, Freund »Vikerl« noch zum Triesttaler Volksfest nach Berndorf geschleppt. Es sollte der wohlverdiente Kehraus eines anstrengenden Tages sein. Doch in Wirklichkeit fing dort alles erst an. »Kuppler« Höger: »I bin mit dem Vikerl eingegangen. Die Soni ist neben ihrer Mutter Irmgard gesessen. Ich stell ihn ihr vor, der Händedruck zur Begrüßung dauert länger als normal üblich. Er hat gelacht, sie hat gelacht – und schon hat's gefunkt. Dann haben die beiden sich tief in die Augen g'schaut. Das wollt gar kein Ende nehmen. Der Humphrey Bogart hätt des auch nicht besser gekonnt. Es war alles wie im Film, diese berühmte Liebe auf den ersten Blick.«[9]

Dem damaligen Verkehrsminister imponierte an seiner neuen Freundin, daß sie ein überaus positiv denkender Mensch ist, sich in Gesellschaftsfragen engagiert und mit beiden Füßen fest im Leben steht. Die Volksschullehrerin, die sich bei der ersten Begegnung aus Scherz als Tochter des Zeltbesitzers vorgestellt hatte, war angetan von seiner liebenswerten Art, seiner Ausstrahlung, der Redegewandtheit und von seiner Intelligenz. Es folgten viele Kino-, Theater- und Konzertbesuche, romantische Abende bei Kerzenlicht. Lange Zeit konnten sie ihre Beziehung geheimhalten, lange Zeit wußten nur die besten Freunde von ihren ausgedehnten Wochenendtrips in die Alpen.

Dann, fast genau ein Jahr später, der formvollendete Heiratsantrag mit 31 roten Rosen in seiner Mini-Wohnung. Am 20. Mai 1995 heiratete das »schöne Paar« im kleinen Kreis auf Schloß Rotmühle im heimatlichen Schwechat. Tränen kullerten vor Glück. Freund Ernst Höger und Franz Vranitzky waren die Trauzeugen. Keinen Zutritt zu den Feierlichkeiten hatten Zeitungsjournalisten, Fotografen und Fernsehreporter. Erklärtes Ziel der beiden: In unserem Privatleben soll sich so wenig wie möglich verändern.

So rasant wie der frühere Verkehrsminister ins Finanzministerium und schließlich an die Regierungsspitze gewechselt war, so rasant heiratete er auch die attraktive Sonja Holzinger. »Ich bin kein ›Seitenblicke-Löwe‹, bin nicht gern allein.« Daß sie auf ihren Ehemann oft verzichten muß, weil er an exponierter Position steht, hat die Lehrerin zu akzeptieren gelernt. Sie lebt ihre eigenen Interessen. Da ist der geliebte Beruf, da sind die Freunde und die Tiere, die ihr viel Spaß bringen.

Sonja Klima exponiert sich nicht als Person. Sie liebt ihr Privatleben. »Es ist schrecklich, seine Anonymität zu verlieren«, sagte die 36jährige Österreicherin vor kurzem in einem Interview. Auf keinen Fall will sie ein Stück öffentliches Eigentum werden. Ihre Lebensmaxime: »Man muß immer das Beste aus einer Situation machen, muß immer das Positive sehen. Als man mir im Urlaub die Kamera gestohlen hatte, dachte ich: Gott sei Dank wurde ich nicht erschossen. Es lebt sich besser mit dieser Einstellung.«

Zur Zeit allerdings ist das Ehepaar Klima arm dran. Ihr Glück können die beiden nur selten genießen, denn meistens beträgt sein Arbeitstag 17 Stunden. Nicht viel anders ist es an den Wochenenden. Trotzdem gibt es keine Schwierigkeiten. Bei den Klimas ist das Klima prima. Ihre Zauberformel lautet: Die gemeinsame Zeit auch für intensive Gemeinsamkeit zu nützen. Sonja Klima: »Viele Ehen scheitern, auch wenn die Partner viel Zeit miteinander verbringen. Es kommt auf die Qualität der gemeinsamen Zeit an, nicht auf die Quantität.«

Was denkt sie über die Sex-Affären von Bill Clinton? Wie würde sie reagieren, wenn ihr Mann fremdginge, die Medien jede Einzelheit haarklein und genüßlich ausbreiteten und dann noch süffisant kommentierten?

»Ich finde es sehr traurig, daß die Intimsphäre eines Politikers so in die Öffentlichkeit gezerrt wird.« Ihrer Meinung nach hat die Ehefrau des amerikanischen Präsidenten richtig gehandelt. Kein böses Wort fällt über das Fehlverhalten ihres Mannes. Hillary Clinton bewahrt Haltung. Sie schaffte es, die »lächelnde, winkende, gelassene Diva« zu sein, schreibt die »Washington Post«. 1993, als sie das Weiße Haus bezog, hatte die feministische Autorin Susan Faludi frohlockt, die Männer hielten jetzt ihre »Hosen krampfhaft fest«, denn sie fühlten sich bedroht von dieser »Inkarnation der modernen Frauenbewegung«. Und jetzt wird diese Hillary Rodham Clinton ausgerechnet von denen ins Herz geschlossen, die sie zuvor wegen ihrer Unabhängigkeit und ihres Kampfgeistes ablehnten. Die Affäre hat ihr Image radikal verändert. Celinda Lake, eine

Das Ehepaar Klima auf dem Wiener Opernball am 19. Februar 1998

Meinungsforscherin der Demokraten, fand heraus, daß sich Frauen, die sich ausdrücklich als »Nichtfeministinnen« verstehen, nun mit Hillary Clinton identifizieren können. Lake meint: »Die meisten Frauen haben weder Macht noch Kontrolle über die Männer in ihrem Leben.« Und so drückte es Jane Mayer im »New Yorker« aus: »Dank Monica Lewinsky ist Hillary Clinton nun eine von uns geworden.«

»Selbst wenn es um so kompromittierende Dinge wie Sex-Affären geht, muß man in einer Ehe zusammenhalten«, sagt Sonja Klima. »Ich würde auch zu meinem Mann stehen, egal was passiert.« Und: »Wer nicht verzeiht, wird bitter und hart. Ich glaube an die Toleranz im Leben und in der Liebe. Das soll aber nicht heißen, daß mir Treue nicht wichtig ist.«

Man behauptet immer wieder, Politikerehen seien besonders gefährdet. Warum funktioniert ihre so harmonisch?

»Wir passen perfekt zusammen, wir haben einander wirklich gefunden. Daran glaube ich ganz stark. Und darauf kommt es an.«

Aufmerksamkeit und Austausch sind entscheidende Faktoren im Eheleben der Klimas. Das gemeinsame Frühstück kurz vor sieben Uhr – der Kanzler hat da schon die Betten gemacht und den Kaffee gebrüht – wird für die Planung genutzt. Seit ein paar Monaten räumt er nach einer Mahlzeit sogar das Geschirr in die Spülmaschine.[10] Sonja Klima: »Es geht um das Programm der nächsten Tage, oft um Alltagsdinge. Mein Mann ist auch nach vier Stunden Schlaf morgens hellwach und aufmerksam. Ihm reichen vier Stunden locker aus – und er ist trotzdem nie grantig. Nur Winston Churchill, Charles de Gaulle und John F. Kennedy kamen mit weniger Schlaf aus. Ich bin ein selbständiger Mensch, lese, sehe fern, korrigiere Schularbeiten, lade Freundinnen ein oder habe im Haushalt zu tun. Oft schlafe ich schon, wenn er kommt – ich brauche mehr Schlaf als er.«

Erzählt ihr Mann von seinem politischen Alltag? »Ja, gern sogar. Manchmal merke ich natürlich, daß er sehr müde ist, da bohre ich nicht nach. Man braucht Einfühlungsvermögen in einer Partnerschaft. Mein Mann lebt unter einem unheimlichen Druck, hat kaum Freiheiten, und sein ganzer Tag ist mit Terminen voll besetzt. Manchmal tut er mir richtig leid.«[11]

Der Streß ihres Mannes bereitet Sonja Klima Sorgen: »Er ist so unfrei in seinem Leben. Da ist kaum noch Platz für private Ambitionen. Lieben und doch loslassen ist die vielleicht einzige Chance für die Ehe mit einem Politiker. Es werden wenige glauben, aber es stört mich wirklich nicht, daß mein Mann so viel arbeitet. Und zu einer guten Ehe gehört meiner Meinung nach, daß man seinem Partner Freiheiten läßt und ihm keine Vorwürfe macht, nur weil er spät heimkommt. Das sollte aber für Mann und Frau gleich gelten.«

Die lange Abwesenheit des Kanzlers – oft bis Mitternacht – wird durch Telefonate gemildert. »Mein Mann gibt mir das Gefühl, daß ich geliebt und gebraucht werde. Gerade wenn man einander wenig sieht, ist es wichtig, Emotionen auszudrücken.« Hat der Kanzler spät abends den Anzug gegen Jeans und Pullover getauscht, gehen sie oft noch zu zweit mit den Hunden spazieren. Sonja Klima: »Selbst nach dem härtesten Arbeitstag fragt er mich: Wie war's bei dir in der Schule? Das finde ich rührend. Er hat ja nun wirklich viele andere Dinge im Kopf.«

Viktor Klima hat aus Fehlern gelernt. Obwohl er immer noch sehr viel arbeitet, seine Einstellung zur Ehe hat sich geändert. Früher kam er völlig kaputt nach Hause, wollte nur noch vor dem Fernseher abschalten. Da war wenig Platz für die Sorgen der Kinder, die Gedanken der Frau. Kommunikations-Barrieren bauten sich auf. Auf der Strecke blieb Ehefrau Hannelore. In seiner zweiten Ehe nimmt der Spitzenpolitiker in der knappen Freizeit aktiv am Privatleben teil. Gelegentlich sieht man Viktor Klima im Garten wühlen, und er nimmt auch schon mal einen Schraubenzieher in die Hand, um die Waschmaschine zu reparieren. Es wird viel diskutiert in der Ehe Klima, für die Sorgen und Probleme seiner Ehefrau hat er immer ein offenes Ohr. Und er hat gelernt zuzuhören.

Wie wichtig ist die Gattin für die Karriere?[12]

Viktor Klima: »Ich glaube, das spielt keine Rolle. Ich versuche mein Privatleben, soweit es geht, privat zu halten. Es ist wichtig, eine transparente familiäre Situation zu haben. Es freut mich, daß meine Frau Verständnis für mich aufbringt. Sie hat ihre eigene Identität, ihren eigenen Beruf. Ich habe aus meinen Jugendsünden gelernt, aus den Fehlern meiner ersten Ehe. Wir treten nur gemeinsam auf, wenn es in ihren Zeitplan paßt.«

Sie haben sich 1994 scheiden lassen. Hatten Sie Angst, daß Ihr gutes Image dadurch angekratzt wird?

»Ich bin privat ein eher konservativer Mensch, aber bestimmt nicht politisch. Meine Eltern waren nahezu 50 Jahre verheiratet. Um so schwieriger war es für mich, als mir meine Frau nach 25 Jahren Ehe erklärte, daß sie eine Veränderung beabsichtigt. Aber das ist Gott sei Dank vorbei. Ich hatte das große Glück, eine Partnerin zu finden, mit der ich sehr gern und sicher für den Rest meines Lebens zusammen bin. Ich kann mir nämlich nichts

Schlimmeres vorstellen, als nach einem Arbeitstag nach Hause zu kommen und kein gutes Einvernehmen zu haben. Für mich ist eine funktionierende Familie sehr wichtig.«

Kann man als Spitzenpolitiker eine normale Ehe führen?

»Man braucht eine Partnerschaft, die auf Liebe aufbaut, und muß die wenige gemeinsame Zeit, die einem bleibt, gut nutzen.«

Wer verwaltet im Hause Klima die Finanzen?

»In unseren vier Wänden ist meine Frau die Finanzministerin.«

Wofür geben Sie Geld aus?

»Bestenfalls für das Rauchen. Sonst bin ich extrem bescheiden und anspruchslos.«

Haben Sie Kontakt zu Ihren Kindern aus erster Ehe?

»Ja. Da gibt es einen guten Kontakt. Mein Sohn Jan ist 27 und hat auch eine politische Leidenschaft. Er ist Vorsitzender der sozialdemokratischen Studenten in Leoben und hat sogar einmal gegen den Vater demonstriert, als das Sparpaket die Studenten betroffen hat. Auch das gehört dazu. Mit meiner Tochter Julia, die gerade die Reifeprüfung abgelegt hat, gibt es ein ebenso gutes Einvernehmen.

Der Schnitt wurde klar, konsequent und ohne häßliche Begleitgeräusche vollzogen. Meiner ersten Frau verdanke ich sehr viel. Sie hat mich immer unterstützt. Ohne sie wäre meine Karriere nicht möglich gewesen. Es gibt zwischen uns keine Probleme. Zu Feiertagen und Geburtstagen schicke ich immer noch Blumen.«

Die bekommt auch die First Lady häufig. Nicht nur zum Geburts- und Hochzeitstag, sondern auch zum Kennenlerntag. Der Kartengruß ist meist mit einer originellen Liebeserklärung versehen. Und es gibt regelmäßig Lebkuchenherzen. Mindestens ein Dutzend baumelt vom Küchenregal.

Die Lebensplanung des Kanzler-Ehepaars reicht derzeit bis zur Jahrtausendwende. Sonja Klima, die glaubt, daß die Jahre zwischen dem 30. und 40. Lebensjahr die wichtigsten einer Frau sind, sagt: »Ich könnte mir sehr gut vorstellen, in nächster Zukunft Mutter zu werden. Mein Mann und ich, wir wünschen uns Kinder. Ich würde auf jeden Fall zwei Jahre Mutterschaftsurlaub nehmen. Dann aber möchte ich in meinen Beruf zurückkehren. Ich bin in der glücklichen Lage, eine Mutter und eine Schwiegermutter zu haben, die in der Nähe wohnen und auf unser Kind aufpassen können. Und ich bin in der glücklichen Lage, eine Arbeit zu haben, bei der ich ab Mittag wieder zu Hause bin. Eine Frau hat das Recht, auch als Mutter ihren Beruf zu behalten und ihre Persönlichkeit zu leben. Ich will beides schaffen: Job und Kind.«

Vielleicht wird dieser Wunsch bald Realität. Nach der Vereidigung zum Bundeskanzler im Januar 1997 äußerte sich Viktor Klima in einem ersten Radio-Interview bezüglich seiner privaten Zukunftspläne mit den Worten: »Ich könnte mir in ein paar Jahren sehr gut ein Leben zu zweit oder dritt auf einem Bauernhof vorstellen, weitab von der Politik.«

Im Augenblick ist daran aber nicht zu denken. Der Regierungschef steht hoch im Kurs, wird an allen Ecken und Kanten gebraucht, und auch ein Nachfolger ist nicht in Sicht. Die nächsten Wahlen stehen noch in diesem Jahr an. In der Politik ist alles möglich. Sonja Klima heute: »Mein Mann hält immer, was er verspricht.«

Anmerkungen

1 Österreichs Nachrichtenmagazin »News« vom 5. Februar 1998
2 »Rheinischer Merkur« vom 24. Januar 1997
3 »News« 29/97
4 »News« vom 5. Februar 1998
5 »News« vom 4. Juni 1998
6 »Hamburger Abendblatt« vom 2. August 1997
7 »News« vom 17. Juli 1997
8 »News« vom 11. August 1994
9 »News« vom 11. Juni 1996
10 »Stern« vom 23. Januar 1997
11 »News«-Interview vom 5. Februar 1998
12 »News«-Interview vom 23. Januar 1997

Frankreich

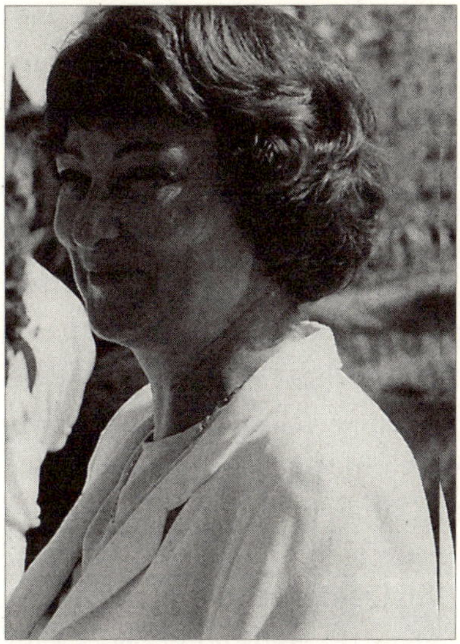

Sylviane Jospin – unabhängige Philosophie-Professorin und eigenwillige First Lady

Sylviane Jospin hatte es schwer am Anfang ihrer Amtszeit als First Lady. Einige Boulevardzeitungen bezeichneten sie als »arrogant und abgehoben«, andere Publikationen charakterisierten die Ehefrau von Lionel Jospin als »Schreibtisch-Mäuschen«. Inzwischen hat sich das Blatt gewendet. Die Philosophie-Professorin, die im Berufsleben auf ihrem Mädchennamen Agacinski besteht, ist menschlicher geworden, wirkt nicht mehr so überlegen. 81 Prozent der Franzosen sind mit der »resoluten Persönlichkeit« (L'Express) zufrieden, die sich dafür einsetzt, daß in der Politik mehr Frauen Gehör finden. Die Mutter eines 14jährigen Sohnes, Daniel, ist außerdem eine gefragte Schriftstellerin. Ihr jüngstes Werk »Politique des sexes« hat sich in den Bestsellerlisten festgesetzt. Mit Sylviane Jospin erlebt der grauhaarige Regierungschef seinen zweiten Frühling: beruflich wie privat.

Sylviane Jospin

Die letzten Sommerferien verbrachten der französische Premierminister Lionel Jospin und seine Frau auf Antiparos, einer kleinen griechischen Insel in der Ägäis, abseits vom Massentourismus. Dort hatten sie die Villa eines Athener Anwalts gemietet. Jeden Morgen genoß der Frühaufsteher Jospin den Sonnenaufgang, und er konnte endlich die Bücher lesen, die schon seit Monaten auf seinem Nachttisch verstaubten. Der 1,81 m große Weißschopf mit den blauen Augen schlenderte im offenen Hemd durchs idyllisch gelegene Dorf, begrüßte den Geistlichen mit Handschlag und schlürfte mit seiner attraktiven Frau Sylviane Kaffee im Schatten der Olivenbäume. In die Sonne darf der Nachfolger von François Mitterand nicht lange, da seine Haut zu hell und zu empfindlich ist. Die wenigen Touristen, die sie erkennen, tuscheln, um ein Autogramm zu bitten, trauen sie sich nicht. Die beiden nehmen sich in die Arme, wenn sie sich unbeobachtet fühlen, sie streicheln einander, wenn ihnen danach zumute ist. Keine Termine, keine Hektik, dafür lange Abende unterm Sternenhimmel bei Lammfleisch, Salat, Tzaziki und Retsina-Wein, laue Sommerluft und leises Meeresrauschen, eine Idylle. Vierzehn Tage ohne Handy und Bodyguard. Vierzehn Tage Privatleben pur – weitab von Paris, der Politik und dem Lehrbetrieb.[1]

Jospin ist ein glücklicher Mensch. Der 61jährige »Konsens-Künstler« (Die Woche), früher als streng, finster, unnahbar und angespannt charakterisiert, erlebt nicht nur seinen zweiten politischen Frühling, auch privat hängt der Himmel voller Geigen. Seit fünf Jahren ist Jospin in zweiter Ehe mit Sylviane Agacinski verheiratet. Die ebenso engagierte wie ehrgeizige Philosophie-Professorin legt großen Wert darauf, in den Bereichen, die ihren Beruf tangieren, mit ihrem Mädchennamen angeredet zu werden. Privat ist sie gern Madame Jospin.

In der französischen Gesellschaft können Frauen spätestens seit der Revolution (1789-1799) einen größeren Spielraum nutzen als in Deutschland. Die politische Häufung von Doppelkarrieren ist die Fortsetzung dieser Vergangenheit mit zeitgemäßen Mitteln. Zwischen Rhein und Oder ändert sich das jedoch seit geraumer Zeit. Gute Beispiele dafür sind Doris Köpf und Gerhard Schröder, Oskar Lafontaine und Ehefrau Christa Müller.

Frankreichs First Lady allerdings verteidigt die Tradition der Trennung von Familie und Politik: »Der Präsident wird gewählt, nicht sein Bruder, seine Mutter oder seine Frau.«

Von Modernisierung ist bei öffentlichen Auftritten in Paris zwar keine Rede, im Privatleben hingegen wird zunehmend ein moderner, geradezu anglo-amerikanischer Stil gepflegt.

Die 54jährige Professorin ist anders als ihre Vorgängerin Danielle Mitterrand. Die eigenwillige Ehefrau des inzwischen verstorbenen Premierministers François Mitterrand paßte nicht in das Bild der zurückhaltenden First Lady. Sie mischte sich immer wieder intensiv in die aktuelle Tagespolitik ein. Mit ihrer Menschenrechtsorganisation »France Libertés« vertrat sie unabhängig auch Positionen, die im Widerspruch zur offiziellen französischen Außenpolitik standen. So sprach die gelernte Buchbinderin und spätere Buchautorin (»Gezeiten des Lebens«) von einem »Völkermord« an den Kurden, die vor allem in der Türkei, im Nordirak und Iran leben. Danielle Mitterrand, 75, empfing gegen die wütenden Proteste Pekings mit demonstrativem Pomp das geistliche tibetanische Oberhaupt, den Dalai Lama. Und sie spielte eine aktive Rolle beim Besuch des kubanischen Präsidenten Fidel Castro in Paris. Die selbstbewußte Französin war die Gastgeberin der einzigen Pressekonferenz des Revolutionsführers und setzte sich intensiv für das Ende des Wirtschaftsembargos gegen Kuba ein.[2]

Sylviane Jospin würde sich niemals so vordergründig einmischen. Sie nimmt wesentlich subtiler Einfluß auf die Politik ihres Mannes. Während des Wahlkampfs war sie meist an der Seite des Kandidaten der »Parti socialiste« (PS) Lionel Jospin zu finden, begleitete ihn bis in die Fernsehstudios und erzählte jedem, der es hören wollte: »Ich liebe die Politik, war immer bei den Linken«.[3] Und sie forderte auf öffentlichen Wahlveranstaltungen Unabhängigkeit für First Ladies und selbstverständlich deren Recht auf freie Berufsausübung.

Das kam nicht überall gut an. Die First Lady hatte es schwer zu Beginn der Amtszeit ihres Mannes. Einige Boulevardblätter bezeichneten sie als »arrogant und abgehoben«, andere Publikationen charakterisierten sie als »Schreibtisch-Mäuschen, das im stillen Kämmerlein vor sich hin denkt und selten vor die Tür geht, um frische Luft zu schnappen«. Während bei anderen Prominenten jedes Zucken der Mundwinkel, jedes Stirnrunzeln studiert und analysiert wurde, registrierten die Journalisten bezüglich Sylviane Jospins lediglich ihre Präsenz. Desinteresse und Ignoranz hielten sich lange Zeit die Waage. Diese Vorurteile sind inzwischen revidiert. Das Eis ist gebrochen. Einhelliger Tenor: Sie ist menschlicher geworden, wirkt nicht mehr so überlegen. Eine kürzlich durchgeführte Umfrage ergab, daß mittlerweile 81 Prozent der Franzosen mit ihrer First Lady sehr zufrieden sind, 11 Prozent haben keine Meinung, und der Rest kann mit dem Namen nichts anfangen.[4]

Bis heute ziert ihr Konterfei kein Cover einer Modezeitschrift. Sie ist einfach kein Gesprächsthema – weil sie es nicht sein will. Keine Skandale, keine Eigenheiten, keine Schlüsselloch-Geschichten, kein Klatsch, keine Intrigen. Schwere Zeiten für den Boulevard-Journalismus. Eine Geisteswissenschaftlerin statt eines politischen Pin-up-girls, das ergibt keine saftigen Schlagzeilen. Inzwischen hat die französische Presse resigniert und gelernt, sie so zu nehmen, wie sie ist. Sie lobt Sylviane Jospin unisono über den grünen Klee. Sie sei »warmherzig und sehr intelligent«, hat »Le Figaro« herausgefunden. Für die Illustrierte »Paris Match« ist sie eine »Intellektuelle mit Herz«, und das Wochenblatt »Nouvel Observateur« apostrophiert sie als eine »Frau mit Power und Charme«.

Sylviane Jospin hat wahrscheinlich von allem etwas. Eine gute Mischung mit einem Schuß Geheimnis. Sie repräsentiert gegen Ausgang des 20. Jahrhunderts die neue Generation der aktiven

Frauen. Die dunkelhaarige, schlanke Französin möchte kein offizielles Amt bekleiden, möchte sich engagieren, da, wo sie es für wichtig hält, und nicht da, wo die Regierung die Schwerpunkte der karitativen Wohltätigkeit setzt. Taktieren will sie nicht. Sie muß sich nichts beweisen und sich auch nicht rechtfertigen. Für sie gilt schon immer der Wahlspruch: Habe niemals Angst zu sagen, was du denkst. Zum Beispiel gehört ihrer Meinung nach das Bild des Politiker-Ehepaars der Vergangenheit an: »Ich glaube, es interessiert nicht weiter, wer die Frau des Premierministers ist. Das ist allenfalls auf der Höhe der Macht von kurzer Bedeutung. Diese Einstellung ändert sich vielleicht mit dem Tag, an dem eine Frau Präsidentin der Republik wird. Aber noch sind wir nicht soweit in Frankreich.«[5]

Sylviane Agacinski, Tochter eines Bergbau-Ingenieurs polnischer Herkunft und einer Hausfrau, wurde am 4. Mai 1945 im Departement Allier (ca. 250 Kilometer südlich von Paris) geboren. Sie besuchte die Schule in ihrer Heimatstadt, studierte in Lyon am »Lycée Récamier«, dann in Paris an der »Sorbonne«. Sie hat noch zwei Schwestern. Über die jüngere Schwester ist in der Öffentlichkeit nichts bekannt. Nicht einmal ihr Vorname findet sich in den Archiven. Die ältere ist die geschätzte Film- und Theaterschauspielerin Sophie Agacinski, seit 16 Jahren verheiratet mit ihrem Kollegen Jean-Marc Thibault (»Cyrano de Bergerac«, »Vaudeville«). Landesweit bekannt wurde der »blonde Wirbelwind« (Cahiers du Cinema) durch knapp 80 Filme, darunter der Gentleman-Krimi »Arsène Lupin« und der Abenteuer-Schinken »Terre Indigo«. Ihre Meinung über den Ehemann ihrer Schwester: »Lionel ist ein liebevoller, rücksichtsvoller und hochsensibler Mann. Er ist gern in Gesellschaft und entwickelt sich zunehmend zum kritischen Feinschmecker. Mein Schwager kauft zwar nicht ein, hilft aber gern in der Küche und auch sonst im Haushalt. Beim Tennis hat Lionel Probleme, denn die meisten Familienmitglieder oder Freunde spielen schlechter als er. Das ärgert ihn immer wieder, weil er die Herausforderung liebt, das spannende Match bis zum letzten Punkt. Nur eines nervt mich sehr an ihm: Lionel hat die ärgerliche Angewohnheit, mir die Bücher wegzunehmen, die ich gerade angefangen habe zu lesen. Aber da er sehr schnell liest, verzeihe ich ihm immer wieder.«

Und Schwager Jean-Marc Thibault: »Er ist ein durch und durch integrer Mensch, hat einen wunderbaren Humor, gepaart mit hoher Intelligenz. Ich bin sehr froh, ihn zum Freund zu haben. Lionel ist ein Mann, der in seiner Abgeklärtheit über sich selbst lachen kann. Das findet man nur noch selten, und es freut mich zu sehen, wie ausgeglichen er in den letzten Jahren geworden ist. Das ist eindeutig das Verdienst meiner Schwägerin.«[6]

1983 lernt sie Lionel Jospin bei der Hochzeit ihrer Schwester Sophie kennen. Das Gartenfest dauert zwei Tage. Gefeiert wird mit viel Hammelbraten und der algerischen Spezialität »Merguez«-Bratwürste (pikantes Lammfleisch mit viel Knoblauch und scharfen Gewürzen), Pastis und Rotwein. Aber zu dem Zeitpunkt funkt es noch nicht zwischen dem Politiker und der Hochschullehrerin. Beide sind noch verheiratet.

1984 kommt Sylviane Agacinskis Sohn Daniel zur Welt. Ein Jahr später erhält sie ihre Professur in Philosophie. Die Schülerin der Philosophen Gilles Deleuze und Jacques Derrida lehrt zuerst in Saint-Omer, in Soissons, dann am »Lycée Carnot« in Paris und anschließend an der Hochschule für Sozialwissenschaften. Nebenbei ist sie alleinerziehende Mutter, denn ihr Mann hat die gemeinsame Wohnung verlassen. Kommentar: »Keine leichte Zeit, aber eine wichtige Erfahrung.« Sechs Jahre, zwei Monate und 17 Tage nach ihrer ersten Begegnung treffen sich Sylviane Agacinski und Lionel Jospin wieder. Inzwischen sind beide von ihren ersten Ehepartnern geschieden. Jospins Trennung von Ehefrau Elisabeth verläuft schmerzhaft. Man hat sich auseinandergelebt oder besser: Der Fulltime-Job des Politikers fordert ein weiteres Opfer.

Die Professorin bittet 1989 im Namen des »Comité Directeur du College de Philosophie« um ein Gespräch mit Lionel Jospin, dem damaligen Minister für Erziehung, Forschung und Sport. Die beiden treffen sich zum Essen in der Nähe der »Place des Vosges«. Aus dem Geschäftsessen wird schnell ein Dinner für Verliebte. Zwei Stunden hatten sie für das Interview veranschlagt. Nach fünf Stunden sitzen sie immer noch zusammen, verlassen das Restaurant erst weit nach Mitternacht als letzte Gäste. Es war Liebe auf den zweiten Blick, darüber sind sich beide bis heute einig.

Es folgen eine intensive gemeinsame Zeit mit anregenden, ausgedehnten Essen in lauschiger Atmosphäre bei warmem Kerzenschein, lange Spaziergänge in der »Pariser Lunge«, dem Bois de Boulogne, und in dem Vorort Fontainebleau. Anfangs auch noch mit viel Geheimniskrämerei vor Freunden und Bekannten. Sie besuchen Museen und Opernhäuser, verlassen Paris am Wochenende, um auf dem Land romantische Radtouren zu unternehmen und in kleinen Hotels zu übernachten. Immer häufiger kreisen die Gespräche um eine gemeinsame Zukunft. Nur die engsten Familienmitglieder wissen mittlerweile von den Hochzeitsplänen.[7] Am 30. Juni 1994 ist es dann soweit. Das Paar heiratet in Paris im Standesamt des 18. Arrondissements. Zur Familie gehören ihr Sohn Daniel und seine beiden Kinder: Eva, geb. Anfang 1974, und Hugo, geb. Ende 1974. Der Stadtrat Daniel Vaillant, heute »Ministre chargé des relations avec le parlement«, traut das prominente Paar. Schon zu früher Stunde wird der Ort des Geschehens von Schaulustigen belagert. Pressefotografen prügeln sich wie üblich bei solchen Ereignissen um die besten Positionen, Fernsehkameras rücken dem Minister und der Philosophin so dicht auf die Pelle, daß ihnen nur noch die Seitentür als Ausweg bleibt. Zu den knapp 100 Hochzeitsgästen aus Familie, Politik und Kunst gehört auch François Mitterand. Das Paar wohnt bescheiden in der Nummer 3 der »Rue du Regard«, einer stillen Pariser Wohnstraße im 6. Arrondissement. Die Wohnung im zweiten Stock des Belle-Epoque-Hauses ist modern eingerichtet. Die Concierge Bernadette Benoit lobt Jospin als »tadellosen Mieter«, der immer nett grüßt und zuvorkommend freundlich ist. Aber zur letzten Wahl ist die junge Frau trotzdem nicht gegangen. »Ich bin 29 Jahre, habe ein abgeschlossenes Sportlehrer-Studium hinter mir und muß jetzt meinen Lebensunterhalt als Hausmeisterin verdienen. Die Politiker machen zu viele Versprechungen. Ich hoffe, Monsieur Jospin hält die seinen. Viel wichtiger aber ist, daß er so bleibt, wie er ist. Es wäre schade, wenn ein so netter Mensch sich einen ›großen Kopf‹ zulegen würde. Doch ich glaube, das kann bei ihm nicht passieren.«[8]

Tagsüber residiert Lionel Jospin im Hotel Matignon, dem Sitz der Premierministers, in dem bis 1914 die Botschafter Österreich-Ungarns Hof hielten. Obwohl es dort zwischen feudalem Prunk eine geräumige Vierzimmer-Dienstwohnung mit viel Personal gibt, kehrt er abends lieber heim in sein Quartier zwischen Saint Germain und Montparnasse. Hier büffelt die Philosophin, die es strikt ablehnt, in die Regierungswohnung einzuziehen, jeden Nachmittag mit Sohn Daniel Deutsch, hier beantwortet sie eingehende Briefe. Zur Zeit sind es rund 30 täglich.

Sylviane Jospin über ihren Mann: »Ich glaube, mit mir hat Lionel eine gewisse Harmonie gefunden. Es gibt nur eine Sache, die uns trennt, und das ist Fußball. Wenn mein Mann sich ein Spiel im Fernsehen anschaut, gehe ich ins andere Zimmer.«

Lionel Jospin vor ein paar Wochen zu guten Freunden über seine Gattin Sylviane: »Meine Frau wirkt Wunder. Ich bin fast zum Genießer geworden, fühle mich seit der Heirat leicht und locker.«[9]

Das war nicht immer so: Lionel Jospin hatte der Politik schon Adieu gesagt und sich ins Privatleben zurückgezogen. Damals (1993) erlitten Frankreichs Sozialisten das größte Wahldebakel ihrer Geschichte, und der Sohn eines Volkschullehrers und einer Hebamme aus Meudon (Département Seine-et-Oise) zieht eine bittere Bilanz: »Die Sozialisten haben die Wahl verloren, weil sie eigentlich keine mehr sind.« Jospin, den seine drei Geschwister früher »Tarzan« nannten, weil er stundenlang in den Bäumen herumturnte, der die

Premier Lionel Jospin und seine Ehefrau Sylviane im gemeinsamen Urlaub in Westfrankreich am 1. August 1997

weltberühmte Elitehochschule »ENA« (Ecole nationale d'administration) mit Auszeichnung absolvierte und seit 1971 der »Parti socialiste« angehört, rüttelt mit diesem mutigen Bekenntnis seine Parteifreunde wach und gewinnt ihre Sympathien zurück. Sie stellen den Politiker 1997 als ihren Spitzenkandidaten für das Amt des Premierministers auf und gewinnen haushoch.[10] Die letzten Meinungsumfragen zeigen: 67 Prozent der Franzosen sind mit ihrem Premier zufrieden – seit seinem Amtsantritt ist das der Höhepunkt seiner Popularität. Die Wähler vertrauen dem »Oberlehrer mit dem Pfadfinderblick« (Spiegel), der als scharfer Analytiker gilt und das Gegenteil eines Volkstribuns ist. Der Mann lacht selten, setzt auf Sachlichkeit und verachtet Mätzchen. Seine bescheidene Nüchternheit kommt dem verbreiteten Bedürfnis nach Moral und Ordnung entgegen. Die durchschaubaren Politiker sind zur Zeit in Frankreich an der Reihe. »Sagen, was man machen wird; machen, was man gesagt hat«, lautet Jospins Motto. Mit Nachsicht und guten Argumenten trimmt »Monsieur Propre« die Sozialisten auf Sozialdemokraten. »Herr Saubermann« hat eine blütenreine Weste – keine Skandale, keine Affären mit Praktikantinnen, keine Intrigen. Sein einziger Luxus war ein blaues Renault-19-Cabriolet. Der Wagen wurde ihm vor der Haustür gestohlen. Er setzte Himmel und Hölle in Bewegung, um sein Auto wiederzubekommen, aber ohne Erfolg. In diesen Tagen fluchte er häufig, was sonst so gar nicht seine Art ist: »Merde!«

Jospins grundehrliche Art läßt ihn innerhalb der korruptionsverseuchten Politikerkaste Frankreichs fast als Exoten erscheinen. In einem Land, in dem der Premierminister und der Pariser Bürgermeister ihre Familien in staatlich subventionierten, als »Sozialwohnungen« ausgewiesenen Luxusappartements unterbringen, während sie von den Ärmeren des Landes ein »Ende des Anspruchdenkens« fordern, wirkt der bescheidene Jospin wie ein Relikt aus der Zeit alter Staatsdienertugenden.[11] Seit Juni 1997 ist Jospin Frankreichs Premierminister. Vier Wochen nach dem Erdrutschsieg von »New Labour« unter Tony Blair in Großbritannien stürmen die Sozialdemokraten auch in Frankreich an die Macht. Nach 14 Jahren Mitterrand verspielt die anschließende Rechtsregierung unter dem neogaullistischen Premier Alain Juppé eine Vierfünftelmehrheit, während sich die Sozialisten von 57 auf 245 Sitze im Parlament verbessern. Jospin plädiert zwar für die 35-Stunden-Woche, doch er selbst kommt zur Zeit locker auf 70 Stunden. Auf dem Tennisplatz des Senats im nahen Luxemburg-Park, wo er als präziser Spieler bekannt ist, hat man ihn schon seit vielen Monaten nicht mehr gesehen.[12] Trotzdem: Der Premierminister wirkt heute oft souveräner als der bärbeißige Staatspräsident Jacques Chirac. Er fordert nicht nur Verantwortung ein, er läßt sie auch zu. Bestärkt von seiner Gattin und Tochter Eva, bringt Lionel Jospin mehr Scharfsinn und Sachverstand in sein Kabinett. Er läßt die weiblichen Kabinettsmitglieder mit »Madame la Ministre« ansprechen, was unter konservativen Politikern verpönt ist.[13] Und er strebt die verfassungsmäßige Gleichstellung der Geschlechter an. Informierte Kreise wollen wissen, daß die Philosophin dem Premierminister bei der Regierungsbildung eine 30prozentige Frauenquote abgerungen hat.

Im letzten Herbst wurde von der Nationalversammlung ein Gesetzentwurf zur Änderung der französischen Verfassung einstimmig verabschiedet. Inhalt: Frauen und Männer sollen schon bald den »gleichen Zugang« zu allen Ämtern und Funktionen in der Politik und im öffentlichen Dienst erhalten. In der Tat ist Frankreich in Europa fast Schlußlicht, was die Präsenz der Frauen im öffentlichen Leben angeht. Nur Griechenland steht schlechter da. In der Nationalversammlung sind 10,7 Prozent der Mandate, im Senat nur 5,9 Prozent von Frauen besetzt. Im Deutschen Bundestag sind es 31 Prozent. Obwohl in Frankreich das »Recht der Frauen, nicht nur auf das Schafott, sondern auch auf die Rednertribüne« zu steigen, bereits 1793 formuliert wurde, vergingen 152 Jahre, bis den Französinnen 1945 das aktive und passive Wahlrecht bewilligt wurde (in Deutschland geschah dies 1918).

Die geplante Einführung der Parität zwischen Mann und Frau ist nicht unumstritten. Die Abgeordnete Christine Boutin (UDF) nannte das Gesetz eine »Beleidigung für die Frauen«. Die Frauenrechtlerin Elisabeth Badinter spricht von einem »schwerwiegenden Fehler«, der sich gegen die Frauen richten werde. Diese würden nun ständig dem Verdacht ausgeliefert, nicht wegen ihrer Kompetenz, sondern wegen ihrer geschlechtlichen Zugehörigkeit Karriere zu machen. Das Problem der Gleichstellung der Geschlechter kommt in Bewegung, und maßgeblich daran beteiligt ist die intellektuelle Ehefrau des Regierungschefs.

Aus einem Interview[14]

Hören Sie es gern, wenn man Sie eine Intellektuelle nennt?

Ich ziehe den Terminus »Philosoph« vor. Noch besser gefällt mir der Begriff »Philosophin«.

Sie haben ein Kind und Ihr Mann zwei Kinder mit in die Ehe gebracht. Verstehen sich die Kinder?

Sehr gut. Wir bilden eine echte Familie, und das hat für mich Priorität. Das ist für mich enorm wichtig. Für mich ist die Erziehung eines Kindes ebenso wichtig, wie ein Buch zu schreiben. Zwischen den drei Kindern besteht eine regelrechte Komplizenschaft.

Haben Sie den Eindruck, daß Sie Lionel Jospin verändert haben?

Ich glaube nicht. Dazu ist er eine zu starke Persönlichkeit. Wir haben die gleiche Sensibilität. Er liebt es, mit mir zu philosophieren. Dazu muß ich sagen, daß er wohl schon von je her den Hang dazu hatte. Mit anderen Worten, ich glaube nicht, daß ich in intellektueller Hinsicht einen Einfluß auf ihn ausübe. Wenn wir zusammen diskutieren, versuche ich höchstens, seine philosophischen Überlegungen zu vertiefen.

Haben Sie Ihren Mann gedrängt, sich 1997 als Kandidat den Parlamentswahlen zu stellen?

Ganz und gar nicht. Wir haben während der Weihnachtsferien darüber gesprochen, und er hat mir erklärt, warum er sich zur Verfügung stellen müsse. Ich habe ihm lediglich zugehört und zugestimmt. Ich hätte mir nie erlaubt, seine Entscheidung zu beeinflussen. Das ist einfach zu wichtig, zu persönlich.

Haben Sie mal über Ihre Rolle als Premiersgattin nachgedacht?

Das kommt vor. In erster Linie bin ich davon überzeugt, daß eine Premiersgattin kein Amt per Institution innehaben sollte. Die Macht des Präsidenten ist nicht mit seinen Nächsten teilbar. Davon darf nicht einmal die Rede sein, ebensowenig wie von Einfluß oder verborgener Macht. Andererseits birgt es die Gefahr, die Frau in ihrer ausschließlichen Rolle als schweigende Gattin festzulegen, als existiere sie selbst gar nicht. Mein Spezialgebiet ist weder das Handeln noch die Organisation, sondern das Denken.

Leiden Sie, wenn Ihr Mann in der Öffentlichkeit kritisiert wird?

Manchmal finde ich es ungerecht. Aber wenn man sich auf das Parkett begibt, muß man damit rechnen. Mich stört eher die

Tatsache, daß man nicht genügend über die Mittel spricht, die eingesetzt werden. Was die Kritiken anbelangt, gehören sie zum demokratischen Spiel.

Was tun Sie, um ihn zu entspannen oder zu unterstützen?

Ich erlebe Lionel selten angespannt. Einmal hatte ich das Gefühl, daß er gestreßt war, das lag aber daran, daß ihm drei Seiten seiner Rede fehlten. Es war letztlich nicht schlimm, weil er sowieso meistens improvisiert.

Ergänzen Sie sich, oder sind Sie sich eher ähnlich?

Wie jedes Ehepaar, glaube ich, ergänzen wir uns vor allem. Zu allererst gibt es da den Unterschied Mann – Frau, der den Charme des Paares ausmacht. Aber wir haben die gleiche Sensibilität. Das Verhalten der Menschen empfinden wir auf die gleiche Weise. Großzügigkeit und Kleinlichkeit berühren uns in derselben Weise.

In den Klatschblättern wird behauptet, daß Sie für das veränderte Aussehen Ihres Mannes verantwortlich sind. Neue Brille, neue Frisur usw.?

Welches veränderte Aussehen? Er hat seine Frisur nicht verändert. Seine Haare wellen sich einfach nicht mehr so wie früher, weil sie dünner geworden sind. Was die Brille angeht, stimmt es teilweise. Er wechselt sie alle zwei Jahre, und ich helfe ihm, das Gestell auszusuchen. Außerdem gebe ich meine Meinung zu seinen Anzügen ab. Tatsächlich braucht Lionel mehr denn je zuvor jemanden, der ihm in den kleinen Dingen des täglichen Lebens zur Seite steht. Und es ist wahr, daß ich in dieser Hinsicht in jeder Minute gefordert bin.

Was erscheint Ihnen heute am wichtigsten im Leben?

Mit sich selbst und denen, die man liebt, im reinen zu sein.

Sylviane Jospin ist eine »resolute Persönlichkeit« (L'Express). Die Zeiten, in denen Frauen an der Seite von Politikern reduziert dargestellt wurden, sind in den meisten europäischen Staaten vorbei. Die neue Politiker-Generation macht es möglich. In Sachen Gleichberechtigung geht es mühsam voran, aber es geht voran. Die französische First Lady muß sich nichts gefallen lassen, dazu ist sie zu gut. Und sie läßt sich nichts gefallen, weil sie sich nicht verletzen möchte. Sie ist mit einem beneidenswerten Urvertrauen in die eigenen Kräfte ausgestattet und denkt gar nicht daran, ihren Sachverstand an der Garderobe abzugeben.

Wo Sylviane Jospin auftaucht, zieht sie Blicke auf sich, wie ein Magnet Stecknadeln. Ihr Grübchen-Lächeln fasziniert. Sie wäre das Muster einer Politikergattin, wenn, ja, wenn sie nicht eine ausgewiesene Fachfrau wäre, die sich eigene Ansichten leistet und auch nicht einsieht, warum sie die verschweigen sollte.

Der publizistische Dauerbrenner, die Affäre Clinton/Lewinsky, hat in Frankreich noch höhere Wellen geschlagen als im Rest der Welt. Da wurde ein Tabu gebrochen. Die langjährige Beziehung des Ministerpräsidenten Mitterand mit einer Professorin und die Existenz ihrer gemeinsamen Tochter wurde von der Presse erst veröffentlicht, als der Regierungschef das kurz vor seinem Tod so wollte. Bis dahin respektierten die Medien das Privatleben des Präsidenten ganz selbstverständlich. Auch Sylviane Agacinski kritisierte die geschmacklosen Entgleisungen im letzten Winter in der Tageszeitung »Liberation«: »Das Streben nach demokratischer Transparenz darf nicht in Tyrannei umschlagen. Auch der Präsident der Vereinigten Staaten hat ein Recht auf Privatsphäre.« Sie wirft in ihrem Artikel dem US-Sonderermittler Kenneth Starr vor: »Seine Untersuchungen sind zu einer Perversion der Demokratie geworden. Er hat die ehemalige Praktikantin zum Exhibitionismus veranlaßt, als er ihr Straffreiheit für eine Aussage zu Einzelheiten der Affäre anbot. Dies Wahrheitssuche zu nennen, ist Heuchelei. Der wahre Skandal besteht darin, daß Clinton zur Lewinsky-Affäre vernommen worden ist, nachdem das Gericht den ursprünglichen Fall, die Klage von Paula Jones, bereits abgewiesen hatte.« Monica Lewinsky war zunächst als Zeugin im Fall Paula Jones vernommen worden.

Sylviane Jospin streitet und diskutiert gern um der Sache willen, aber nicht aus Prinzip oder Besserwisserei. Die 54jährige Professorin gehört nicht mehr zu den Frontkämpferinnen der Emanzipation, sondern ist deren Nutznießerin. Sie war an der Universität besser als viele Männer und ist für ihren Mann eine wichtige Beraterin. »Ich habe zwar kein politisches Mandat, aber eine politische Meinung«, sagt Sylviane Jospin, die auf ihrer eigenen Identität besteht. Und die Powerfrau fügt hinzu: »Meine eigene Selbständigkeit ist das Beste, was ich für meinen Mann tun kann.«

Die First Lady bevorzugt die klassische Doppelrolle: Sie gibt in der Öffentlichkeit die bewundernde Gattin, übt im Privaten jedoch durchaus Einfluß auf ihren Mann aus. Konventionen sind ihr ein Greuel. Sylviane Jospin ist eine selbstbewußte Frau – und zugleich eine sehr zurückhaltende Dame. Den Repräsentationsaufgaben unterzieht sie sich mit Disziplin. Wo auch immer sie im Rahmen eines Damenprogramms durch langweilige Ausstellungen geführt oder mit Smalltalk konfrontiert wird – sie bleibt interessiert und freundlich. »Ihr ein befreiendes Lachen zu entlocken, ist so schwierig, wie einem italienischen Postbeamten die Bedeutung eines Eilbriefs zu erklären«, schrieb vor ein paar Monaten der französische Lyriker Jean-Claude Didier. Trotzdem: Sylviane Jospin entspricht dem neuen Typ Frau in Frankreich. Und die Tageszeitung »Liberation« glaubt zu wissen: »Sie ist eine Pionierin im Zentrum der Männermacht«.[15]

Mit dem Begriff First Lady kann sie wenig anfangen. Alle publizistischen Versuche, aus ihr eine französische Hillary Clinton zu machen, scheiterten. Vergleiche mit anderen prominenten Damen der Polit-Gesellschaft lehnt sie ab, verkündet stolz, ohne arrogant zu wirken: »Je suis, comme je suis« (»Ich bin, wie ich bin«) – in Anlehnung an das erfolgreiche Chanson der Legende Juliette Gréco. Der inneren Stimme zu folgen, ganz gleich, ob das gegen gesellschaftliche Regeln verstößt oder Erwartungshaltungen von Männern widerspricht, dieses Bedürfnis ist für sie zu einer gewissen Form von Lebensqualität geworden.

Sylviane Jospin und Cherie Blair im Gespräch in dem kleinen französischen Dorf Saint Martin d'Oydes, in dem die Familie des britischen Premierministers im August 1997 ihren Urlaub verbringt

Die Philosophin ist in vielerlei Hinsicht eine auffällige Persönlichkeit. Sie ist gazellenschlank, hat einen strahlenden Teint, dem offenbar weder das Altern noch Streß etwas anhaben können. Sylviane Jospin lebt in Frieden mit ihren Falten. Schönheitschirurgen und ihre Patienten hält sie für »arme Menschen«. Die Figur hat sie sich immer erhalten können, »obwohl ich verordneten Sport hasse«. Stundenlang in Fitness-Studios herumzuturnen und zu schwitzen – diese Idee findet sie einfach »absurd«.

Das soll aber nicht bedeuten, daß die zierliche Französin keinen Wert auf ihr Äußeres legt. Gelegentlich leistet sie sich ein schickes Kleid (Durchschnittspreis 600 Mark) von der renommierten Pariser Modeschöpferin Sonia Rykiel (nebenbei Schriftstellerin und Schauspielerin), oder sie schaut in der Boutique »Apostrophe« vorbei und genehmigt sich eine Bluse, manchmal auch eine Hose. Zu ihren Lieblingsfarben gehört Blau in Verbindung mit Gelb und

Orange. Ihr Stil ist elegant und sportlich. Eine »sexy-Aufmachung« paßt nicht zu ihr, das überläßt sie lieber anderen. Rollenspiele kommen nicht in Frage, um Glaubwürdigkeit und Authentizität nicht zu verlieren.

Schmuck hat Sylviane Jospin kaum. Braucht sie nach eigenem Bekunden auch nicht, weil sie viel zuwenig Gelegenheiten hat, ihn anzulegen. Öffentliche Auftritte sind ihr zwar nicht generell zuwider, aber es würde ihr auch nichts fehlen, wenn sie zu den Glanz- und Glamour-Veranstaltungen nicht eingeladen würde. Vertraute Gespräche im kleinen Kreis sind ihr lieber. Im letzten Sommer hat sie ihre First-Lady-Kollegin Cherie Blair nach Paris eingeladen. Die beiden haben sich prima verstanden, funken in vielen Bereichen auf gleicher Wellenlänge. Seit der Stippvisite telefonieren die Französin und die Britin regelmäßig miteinander. Ähnlich herzlich ist auch das Verhältnis zu Jolanta Kwaśniewska, Polens First Lady. Ein erfreulicher Entwicklungsprozeß nach gewissen Anlaufschwierigkeiten.

Während des Wahlkampfs haben die Jospins auf Druck der »Yellow-Press« ein bißchen aus ihrem Privatleben preisgeben müssen. Sehr ungern, aber die Pressestelle des Premiers blieb hartnäckig. Das Ergebnis der herausgegebenen Informationen ist eher kläglich. Der Premier hört gern Bach und Beethoven, wollte als Kind unbedingt Opernsänger werden. Er hat ein Faible für Basketball, Rugby und Fußball, liebt alte amerikanische Gangsterfilme und besteht auf dem täglich erscheinenden Sportblatt »L'Equipe«, das er manchmal ganz schrecklich findet, aber ohne möchte er trotzdem nicht sein. Absolut aufschlußreich!

Über die First Lady ist in dem Papier zu erfahren, daß sie gern stundenlang in Zeitschriften herumblättert. Und sie soll angeblich richtig grantig werden, wenn sie nicht pünktlich die anspruchsvolle Tageszeitung »Le monde« in die Finger kriegt. Außerdem wird mitgeteilt, daß die Philosophin jeden Tag Klavier und einmal die Woche Tennis spielt, gern schwimmt und Ski fährt. Unglaubliche Neuigkeiten!

Bei so viel Mitteilungsdrang fühlte sich die Presse geradezu herausgefordert, den Premier und die Philosophin aus der Reserve zu locken. Inzwischen gibt es sogar Fotos, auf denen die beiden am Herd stehen und in den Töpfen rühren. In einem Radio-Interview verblüfft Sylviane Jospin die Nation mit der Feststellung, daß ihr Mann seine Socken überall herumliegen läßt. Der Boulevard-Postille »France Soir« reicht dieses Geständnis mit all seiner Tragik zur Aufmachergeschichte auf Seite 1. Weiter ist in den einschlägigen Zeitungen zu lesen, daß die überzeugte Feministin schon als Kind sehr neugierig war und manchmal ein bißchen zerstreut wirkt. Sie vergißt schon mal den Telefonhörer wieder auf die Gabel zu legen, und sie liebt es, Streiche zu spielen, indem sie ihre Stimme verstellt, wenn Freunde oder Bekannte anrufen.

Inzwischen ist auch bekannt, daß Sylviane Jospin gern durch das Quartier Saint-Germain-des-Prés bummelt. Sie mag die Terrassen der Pariser Cafés, um Menschen zu studieren, und diniert häufig in den teuren Edelrestaurants »Lipp« und »Le Pichet« – am liebsten zusammen mit ihrem Mann. Die First Lady erledigt ihre Besorgungen ziemlich unbehelligt in den großen Kaufhäusern wie »Printemps« oder »Galeries Lafayette«, kauft ihr Baguette bei »La Campagnarde«, weiß den Kuchen von »Dalloyau« zu schätzen – und gesteht, verrückt nach Schokolade zu sein.

Das Lieblingsgericht des Paares ist eine italienische Spezialität und stammt aus der Lombardei: Ossobuco. Dabei handelt es sich um Kalbshaxenscheiben, die zusammen mit Sellerie, Zwiebeln, Möhren, Tomaten und Weißwein geschmort werden. Das fertige Gericht wird dann bei Tisch mit einer frisch hergestellten »Gremolata« überstreut, einer Mischung aus Petersilie, Sardellen, Zitrone und Knoblauch. Da es sich um ein ideales Gästeessen handelt – es schmeckt am besten, wenn es am Vortag zubereitet worden ist –, wissen auch Freunde diese kalorienhaltige Delikatesse zu schätzen.[16]

Zum Freundeskreis der Jospins gehören Universitätsangehörige und Philosophen, Schauspieler und Maler. Die freie Zeit verbringen die beiden am liebsten mit der Familie. An Wochenden durchstreifen die Jospins gern die Region Midi-Pyrénnées, und wenn die Zeit es zuläßt, werden noch Sylvianes Schwester Sophie und ihr Ehemann Jean-Marc Thibault in deren Sommerhaus (Mas Eygalières) in der Nähe von St. Rémy (Provence) besucht. Einmal im Monat trifft sich der Pariser Jospin-Clan zum Essen. Ein Ritual, das der Premier penibel einhält, und den Familienmitgliedern muß schon eine gute Entschuldigung einfallen, um nicht zu erscheinen.

Ein Leben auf der Überholspur? Keineswegs. Sylviane Jospin ist eine Frau, die zweimal denkt, bevor sie einmal antwortet. Sie ist kompromißbereiter geworden, hat sich Gelassenheit erarbeitet. Maßvolle Geduld mit sich selbst und anderen zählte lange Zeit nicht eben zu ihren herausragenden Eigenschaften. Der Ehrgeiz ließ nicht viel Spielraum für Sympathie und Antipathie. Heute hat Karriere für Sylviane Jospin nicht mehr den Stellenwert wie noch vor zehn Jahren. Obwohl ihre Besessenheit eher größer als kleiner geworden ist. Sie hat in ihrem Beruf noch viel vor, will auf den unterschiedlichsten Feldern forschen.

Die Professorin für Philosophie und Sozialwissenschaften setzte sich über viele Jahre mit dem dänischen Theologen und Philosophen Sören Kierkegaard (1813-1855) auseinander. Seine Schriften, die den französischen Existentialismus eines Jean Paul Sartre und eines Albert Camus ermöglichten, bedeuten ihr viel. Sie brachten eine klare Linie in den Alltag und die Lehrverpflichtungen der späten Nachfahrin: Keine »Angst«, kein »Furcht und Zittern«. Dafür ein kraftvolles, zugleich kompromißbereites »Entweder – Oder« und eine kluge Suche nach der eigenen Identität. Inzwischen hat sie selbst vier Bücher veröffentlicht. Das jüngste Werk »Politik der Geschlechter« (»La politique des sexes«, Verlag Seuil) leitet nach eigenem Zeugnis die »post-feministische Ära« ein. Es kam im letzten Sommer auf den Markt und ist auf dem besten Wege, ein Bestseller zu werden.

Ihre Forschungsarbeit beschäftigt sich unter anderem mit dem Zustand der Frau während der Mutterschaft. Die dynamische Französin möchte, daß man über den Unterschied zwischen Mann und Frau neu nachdenkt, frei von allen Hierarchien. Zur Sprache kommt die männliche Dominanz im Laufe der Jahrhunderte. Wichtig ist ihr, daß Vernunft nicht an sich durch das Geschlecht festgelegt ist und daß die Erfahrung der Mutterschaft ganz eigene Gedankengänge mit sich bringt. Sylviane Agacinski: »Ich weiß, daß ich mich mit dieser Ansicht angreifbar mache. Aber ich habe Mutterschaft auch als philosophische Erfahrung erlebt. Es ist gedanklich nicht ohne Folgen, wenn man für sich ein Schicksal wählt, in dem man eine Entscheidung für oder gegen das Leben trifft. Man kann das in den Familien der großen Denker sehen, bei Aristoteles oder Hegel, die Väter waren, und bei anderen, wie zum Beispiel Kant, der es nicht war. Der Bezug zur Zukunft, in der uns unsere Kinder beschäftigen, fehlt oftmals beim philosophischen Diskurs. Die Tatsache, daß weibliche Philosophen ihre eigenen Gedanken einbringen, öffnet neue Wege.«

Aus einem Interview[17]

Wollen Sie die Mutterschaft als Machtfaktor neu interpretieren?

Als ich 20 Jahre alt war, stand ich Simone de Beauvoir sehr nahe, dachte: Entweder man schreibt Bücher, oder man bekommt Kinder, beides zusammen ist unmöglich. Aktiv zu sein und kreativ zu sein, schloß für mich den Verzicht auf die weiblichen Attribute mit ein. In Platons »Gastmahl« ist der Gegensatz zwischen Philosophie und Mutterschaft bereits in ganzer Breite angelegt. Die heutigen Philosophen müssen diesen Gegensatz zwischen Körper und Seele abbauen. Leben geben bedeutet eine ethische Erfahrung, ebenso wie es eine Kraft darstellt. Es käme mir unerhört vor, wenn Frauen heute denken müßten, daß Mutterschaft ein Handicap für sie bedeutet. Aber ich selbst habe etliche Jahre gebraucht, um dies zu begreifen.

Sylviane und Lionel Jospin im Dezember 1998 vor der Plastik »Der Kuß« von Auguste Rodin in den Tuilerien

Ein zentrales Thema Ihres Buches ist, daß das Verhältnis zwischen Männern und Frauen politischer Art ist, weil es auf ein Kräfteverhältnis aufgebaut ist. Sollte man zu Beginn des 21. Jahrhunderts nicht endlich das Kriegsbeil begraben?

Politisch ist sehr weit gefaßt. Es ordnet die Verbindung Mann – Frau zwischen Krieg und Harmonie ein. In unserem Kulturkreis gibt es keinen Krieg der Geschlechter, aber in bestimmten Ländern unterdrückt man die Frauen immer noch massiv, zum Beispiel in Algerien und Afghanistan. Bei uns ist das Verhältnis voller Mißverständnisse, denn die Frauen erwarten, daß die Männer so wie sie denken und handeln, und umgekehrt. Heute ist das Verhältnis Mann – Frau wirklich politisch, weil es eine Autonomie auf beiden Seiten gibt. Man verhandelt ständig.

Sehen Sie das Ende der Männervorherrschaft?

Das wird sich eher so ergeben. In der Vergangenheit existierte innerhalb der religiösen und philosophischen Anschauungen ebenso wie in der allgemeinen Gesinnung offiziell nur ein vollkommenes Geschlecht – nämlich das männliche. Nur ein perfektes Modell der Humanität: der Mann. Der Frau fehlte immer irgend etwas, um ein vollwertiger Mensch zu sein, egal um welche Theorien es auch immer geht. Tatsache ist, wenn die Frau eine Besonderheit darstellt, hat sie eine andere Besonderheit vor sich – den Mann.

Thema: Gehalt für Mütter im Haushalt?

Ich glaube, dazu ist es zu spät. Durch den technischen Fortschritt erscheint die Hausarbeit nicht mehr so schwer wie früher, sonst wäre irgend etwas geschehen. Ich finde es vor allem bedauernswert, daß das wirtschaftliche System die Hausarbeit der Frauen in ihren Entwürfen außer acht läßt. Zu einem früheren Zeitpunkt hätte die Hausarbeit als ein Beruf gelten können.

Stichwort: Kinder?

Ich bin vielleicht altmodisch veranlagt, aber ich glaube, daß viele Jugendprobleme daher kommen, daß man sich nicht genügend um die Kinder und Jugendlichen kümmert und plötzlich vor den Scherben steht. Die Funktion der Mutter sollte anders gesehen werden. Sie ist nicht nur mit ihrem Körper Mutter, sondern auch mit ihrer Kultur. Die Erziehung eines Kindes bedeutet auch die Vermittlung einer Kultur.

Stichwort: Gleichberechtigung?

Es wäre schön, wenn ebensoviele Frauen wie Männer an der Macht wären. Die politischen Parteien haben dies nicht früh genug erkannt und haben die Frauen nicht immer so behandelt, wie sie es verdienen. Je mehr man den Frauen freiwillig Möglichkeiten eröffnet, desto mehr werden sie in die Politik gehen. Denn sie sind vielleicht noch nicht bereit, Bruderkämpfe auszutragen, um ihren Weg zu gehen. Man darf nicht nur sagen: Die Frauen sind nicht mehr ausgeschlossen, sondern man muß sie mit einbeziehen. Das heißt: eine Demokratie mit Frauen schaffen. Wenn der gute Wille reichen würde, wäre das toll. Leider glaube ich, daß ein Gleichberechtigungsgesetz nötig ist. Da man in Frankreich nicht reformieren will, wird revolutioniert.

Sylviane Agacinski und ihre Lieblingsdiskussion. Sie kann stundenlang über die geschlechtlichen Ungereimtheiten und ihre Folgen reden. Die Frau weiß, sich in ein Thema hineinzubohren. Und wie alle, die der Lust an ihrem wissenschaftlichen Talent frönen, scheint es ihr nichts auszumachen, die Dinge bis auf den Grund zu sezieren. Die Philosophin gehört zu Frankreichs neuer Schriftsteller-Generation, in der Nachfolge von Elsa Triolet, Simone de Beauvoir und Marguerite Duras. Von den 317 in der letzten Saison erschienenen Romanen wurden 87 von Frauen geschrieben: 18 von ihnen veröffentlichten ihren ersten Roman. Sylviane Jospin will ihren Lehrstuhl für Philosophie auf keinen Fall aufgeben, möchte sich auch in Zukunft mit der Macht der Gedanken auseinandersetzen. Zur Zeit arbeitet sie an zwei Projekten: an einem Buch unter dem Arbeitstitel »Le Passeur de temps« und an einem ausführlichen Essay über die Beziehungen zwischen Philosophie und Kunst. Eine Langzeitstudie.[18] Ihr ausgeprägtes Interesse für Geistesfragen ähnelt zunehmend einer Kampfansage an die heutige Gesellschaft. Zumindest ist es eine ernsthafte Auseinandersetzung mit der Vergangenheit und Gegenwart, mit dem im argen liegenden Verhältnis zwischen Mann und Frau, mit den Strukturen zwischen Frau und Kind. Viel publizistische Arbeit wartet auf die engagierte Philosophin. Nach dem Ende ihrer Repräsentationspflichten als First Lady, das könnte im Jahr 2002 sein, möchte sie sich wieder verstärkt um philosophische Fragen und Zusammenhänge kümmern. Davon will und kann sie nicht einmal ihr Ehemann Lionel Jospin abhalten, der schon mehrfach leise durch die Blume angedeutet hat, daß er für eine weitere Amtsperiode als Premierminister nicht mehr zur Verfügung steht. Man wird sehen. Sylviane Agacinski-Jospin kommt ihrer Lebensmaxime wieder ein bißchen näher und dem Motto, getreu nach Friedrich Nietzsche: »Was Dich nicht umbringt, macht Dich nur stärker«.

Anmerkungen

1 »Die Woche« vom 28. August 1998
2 »Reuters News Service« vom 11. Juli 1995
3 »Hamburger Abendblatt« vom 4. Juni 1997
4 »Weltwoche« vom 21. Dezember 1998
5 »Le monde« vom 12. März 1997
6 »Paris Match« vom 12. Juni 1997
7 »Liberation« vom 9. März 1998
8 »Süddeutsche Zeitung« vom 13. Juni 1997
9 »Reuters News Service« vom 13. Juli 1998
10 »Stern« vom 5. Juni 1997
11 »Süddeutsche Zeitung« vom 13. Juni 1997
12 »Weltwoche« vom 5. Juni 1997
13 »Die Woche« vom 6. Juni 1997
14 »Gala France« vom 30. März 1996
15 »Paris Match« vom 20. April 1995
16 »Gala France« vom 22. Mai 1997
17 »Paris Match« vom 30. April 1998
18 »Le monde« vom 15. Dezember 1998

Tschechien

Dagmar Havlová, die selbstbewußte und offenherzige Frau an der Seite des tschechischen Präsidenten

Tschechiens verdienstvoller Präsident Václav Havel und seine siebzehn Jahre jüngere Frau Dagmar Havlová haben es schwer. Ein Teil der Boulevardpresse und des Fernsehens läßt keine Gelegenheit aus, das Paar zu diskreditieren, mit Unterstellungen zu demontieren. Die First Lady und ihr schwerkranker Mann wehren sich mit Millionenklagen gegen diese Verleumdungen. Offenbar ohne Erfolg.

Václav Havel: »Ich habe genug von all diesen widerlichen Intrigen.« Jetzt spielt der Präsident mit dem Gedanken, sein Amt vorzeitig zur Verfügung zu stellen. Und auch die frühere Schauspielerin hätte nichts dagegen, den Regierungspalast »Hradschin« zu verlassen und wieder auf die Bühne zurückzukehren. Ein Großteil der Bevölkerung und auch zahlreiche renommierte Politiker im Ausland würden den Abgang sehr bedauern.

Dagmar Havlová

In Tschechien kam im letzten Herbst ein Buch auf den Markt, das innerhalb weniger Stunden vergriffen war und für viel Wirbel sorgte: »Sieben Wochen, die die Burg erschütterten« heißt das dünnbrüstige Machwerk. Die Hauptdarsteller sind Václav Havel und seine zweite Ehefrau, Dagmar Havlová. In dem Buch wird ihr zunehmender Einfluß auf den tschechischen Präsidenten, sein Umfeld, seine Ärzte und ihr lautstarker Krieg mit dem Beraterstab beschrieben. Den wahren Skandal liefert aber nicht das Buch, sondern ein sechs Zeilen langes Nachwort. Autor Premysl Svora schreibt da: »... im übrigen sei Präsidentengattin Dagmar bei ihrer letzten Amerikareise mit ihrem Sekretär Miloš Ryč in einer Situation gesehen worden, die den Eindruck erweckte, daß sich ihr Arbeitsverhältnis in ein sehr freundschaftliches gewandelt hat.«

Václav Havel platzte der Kragen. »Ich habe genug vom Hofzeremoniell, genug von der Würde des Amtes, genug von all diesen widerlichen Intrigen. Ich will wieder schreiben«, erklärte er sichtlich betroffen im Fernsehen. Und: »Es sind Lügen, gegen die ich macht- und schutzlos bin.«

Die Folge des Eklats: Das tschechische Oberhaupt und die First Lady haben all jene verklagt, die das Gerücht vom Fehltritt in Umlauf brachten: die Tageszeitungen »Lidové Noviny«, »Blesk« und vor allem die Fernsehstation »Nova-TV«. Der Miteigentümer und Chef des Prager Privatsenders, Vladimír Železny, hetzt seit Monaten via Bildschirm gegen Havel und dessen um 17 Jahre jüngere Frau Dagmar. Inzwischen weiß man auch, daß Buchautor Svora auf der Gehaltsliste von »Nova« steht und für die Buchrecherchen freigestellt war. Jüngster Coup Železnys: Der »Schmieren-Sender« (Newsweek), der auf der Prager Burg als verlängerter Arm der Havel-Gegner gilt, beschimpft den Präsidenten als einen »vor Liebe blinden, leicht vertrottelten Pantoffelhelden«. Der Hintergrund dieser unfairen Attacken: Das Ausland sieht in Havel eine unangefochtene Lichtgestalt. Das Bild des Strahlemanns soll mit aller Macht demontiert werden. In Tschechien selbst ist der Dichterfürst inzwischen umstritten. Die Innenpolitik funktioniert heute nach dem Muster: Jeder gegen jeden, alle gegen Havel.[1]

Der Urheber der Schmierenkomödie ist auch der Initiator der »Spionage-Affäre Helmut Zilk«. Wochenlang war das Verhältnis der Nachbarländer Österreich und Tschechien belastet, wochenlang beschäftigte sich auch die internationale Presse mit dem Thema. Inzwischen ist die Behauptung, der Wiener Ex-Bürgermeister soll früher tschechoslowakische Dissidenten an den tschechischen Geheimdienst verraten und dafür 10 000 Mark Judaslohn kassiert haben, vom Tisch. Eine weitere Ungeheuerlichkeit zerplatzte wie eine Seifenblase. Der wahre Grund für den Haß des Fernsehchefs auf den Präsidenten liegt jedoch im privaten Bereich: Havel weigert sich beharrlich, den Sohn des Fernsehdirektors, der wegen dreifacher Vergewaltigung verurteilt wurde, zu begnadigen. Um diese Begnadigung zu erzwingen, das erklärte die First Lady öffentlich, sei sogar sie erpreßt worden: Gnadengesuch oder Bettgeschichten. Havel aber lehnte ab, das »skrupellose Früchtchen« (Die Welt), über das der sonst so auf Verbrechen erpichte Schmuddel-Sender »Nova-TV« selbstverständlich nicht berichtete, straffrei ausgehen zu lassen. Als Frau Havlová den Zusammenhang des Falles mit der laufenden Kampagne gegen sie mit den Worten kommentierte, ihr Mann und sie ließen sich von niemandem erpressen, verlor der Fernsehchef völlig die Beherrschung: Er verglich ihre Äußerungen mit dem »Klatsch alter Waschweiber«. Die Situation eskalierte. Ein »Nova«-Journalist: »Da wird in nächster Zeit noch viel Schmutzwäsche gewaschen werden. Das Thema bleibt in den Schlagzeilen.«

Für Schlagzeilen sorgen Dagmar Havlová und Václav Havel seit dem Bekanntwerden ihrer Beziehung. Das war vorher anders. Der Umgangston war diskreter, rücksichtsvoller. Havels erste Ehefrau

Olga starb im Januar 1996 im Alter von 62 Jahren an den Folgen eines Krebsleidens. Sie hatte ihm in den Jahren nach der Niederschlagung des »Prager Frühlings« (1968), während des Schreibverbots und der Haft von 1979 bis 1983 zur Seite gestanden. Sie war die Adressatin jener berühmten Briefe, die der Dichter und »Charta 77«-Dissident an der Zensur des Růzyně-Gefängnisses vorbeischmuggelte. »Briefe an Olga«, jenes akribisch geschriebene Dokument über Menschenwürde und totalitäre Gewalt, das Havel als politischer Gefangener aus der Haft an seine Frau richtete. Das essayistische Werk, im Westen ein Bestseller, wurde in 21 Sprachen übersetzt. 32 Jahre lang ist Olga, die gelernte Platzanweiserin, seine kritische Muse. Ihre Ehe ähnelte eher einer Schicksalsgemeinschaft als einer Liebesgemeinschaft – ähnlich wie bei Simone Signoret und Yves Montand. Das behauptet zumindest Pavel Kohouts Tochter Tereza Boučková in ihrem vielbeachteten Buch »Indianerlauf«, das sich kaum verschlüsselt mit der Väter-Generation auseinandersetzt.

Kurz vor ihrem Tod hatte Olga Havlová ihren Mann gebeten, nach ihrem Ableben »nicht in Trauer zu verharren«. Er solle sich wieder eine Frau nehmen, »weil er zum Alleinsein nicht tauge«. Damals habe Václav Havel die Bitte kategorisch abgelehnt. Doch die Entwicklung hat gezeigt, daß Olga wieder einmal recht behalten sollte. Knapp ein Jahr später heiratet der Staatschef die attraktive Schauspielerin Dagmar Veškrnová. In einem TV-Interview zollte Havel seiner verstorbenen ersten Frau nochmals seinen allergrößten Respekt und meinte, sie sei für ihn ein unersetzlicher Teil seiner Seele geworden.[2]

Umfragen aus dem Frühling 1997 zeigen, daß die Bevölkerung die erneute Heirat mit gemischten Gefühlen aufnimmt. Vertreter aus Politik und Gesellschaft sind sich darüber einig, daß dieser Schritt Havels Rekonvaleszenz und seinem psychischen Wohlbefinden förderlich sei. Aber vor allem einfache Leute zeigen sich darüber verärgert, daß der Präsident so schnell eine neue Frau ehelicht. Ein bißchen mehr Trauer wäre ihrer Meinung nach »schon angebracht gewesen«, wenn ihm auch niemand das Recht auf emotionalen Rückhalt absprechen will. Die ehemalige First Lady Olga Havlová genießt in der tschechischen Gesellschaft immer noch große Achtung und Autorität. Zu den Vorbehalten der Bevölkerung gegenüber dem frühen Zeitpunkt erklärt Václav Havel in einem Gespräch mit dem US-Magazin »Newsweek«: »Wer mich kennt, der weiß, daß ich immer das getan habe, was ich für richtig halte, ohne mich dafür an der Ansicht der Allgemeinheit zu orientieren.«

Die Nachfolgerin hatte es am Anfang schwer. Von Verehrung keine Spur. Als Vamp von schmaler intellektueller Ausstattung und als inkarnierter Blondinenwitz wurde sie abqualifiziert, als sie dem Präsidenten ihr Jawort gab. Der Vorwurf von der »raffgierigen Erbschleicherin, die den vermögenden Präsidenten ausnehme wie eine Weihnachtsgans«, geistert durch die Yellow-Press. Ebenso wie die Frechheit, daß ihre Hauptaufgabe nur darin bestehen könne, die Hunde Gassi zu führen oder sich in ihrem Lieblingslokal »Nebozízek« zu tummeln. Angekreidet wird Dagmar Havlová, daß sie so selbstbewußt auftritt, ihre Meinung forsch und offen herausposaunt – so ganz anders als ihre Vorgängerin, die als einfühlsame und menschlich vorbildliche Frau verehrt wurde. Sie hielt sich mit öffentlichem Statement weitestgehend zurück und gab so gut wie keine Interviews. Sie wußte um die Vorzüge, aber auch um die Schwächen ihres Mannes und vermochte mit letzteren großzügig umzugehen.

Dagmar Havlovás Kommentar über ihre Vorgängerin: »So, wie man nicht einen Apfel mit einer Birne vergleichen kann, so kann man auch nicht ein Wesen mit einem anderen oder einen Menschen mit einem anderen vergleichen.«[3]

Seit der Heirat des Präsidenten mit der Schauspielerin Dagmar Veškrnová reden sich gerade jene den Mund fusselig, die sonst höchstens hinter vorgehaltener Hand tuscheln. Fest steht die Chauvi-Wacht am Moldaustrand und rümpft die Nase über die neue First Lady, die ihrer Meinung nach von einem Fettnäpfchen ins andere tritt.[4]

Die stets elegant gekleidete Landesmutter mit der blonden Löwenmähne und den braunen Augen geht keinem Streit aus dem Weg. Sie hat von frühester Jugend an gelernt, sich durchzukämpfen, sucht den direkten Weg der Konfrontation.

Im letzten Jahr fiel die Präsidentengattin auf, als sie nach der Wiederwahl ihres Mannes im prächtigen Spanischen Saal der Prager Burg die Rede des rechtsradikalen Abgeordneten Jan Vík unterbrach, der über ihren Mann verbalen Unrat ausschüttete. Dagmar Havlová hatte zwei Finger an die Lippen geführt und das unwürdige Spektakel schrill abgepfiffen.[5] Ein nie zuvor dagewesener Zwischenfall in den heiligen Hallen des Hradschin. Empörung pur! Am Tag darauf beherrschte dieses Ereignis das Interesse der Bevölkerung weit mehr als das eigentliche Ergebnis der Wahl. Havel hatte den zweiten Wahlgang mit nur einer Stimme Mehrheit der Abgeordnetenkammer gewonnen. Die Tageszeitung »Pravo« titelte: »Eine Nummer, die jeder Beschreibung spottet und unverzeihlich ist. Dem Hohen Haus ist durch das ungebührliche Verhalten schwerer Schaden zugefügt worden.«

Die couragierte First Lady tangiert diese Aufregung wenig. Wo gehobelt wird, da fallen Späne. »Havels blonde Muse« (Süddeutsche Zeitung) sagt auch weiterhin ungeschminkt ihre Meinung. Mit dieser Einstellung steht sie nicht allein. Immer mehr ihrer Kolleginnen in Europa handeln ähnlich wie sie, denken gar nicht daran, sich als attraktives Anhängsel abspeisen zu lassen. Der Generationswechsel in den Machtzentren ist weitestgehend vollzogen. Die »neuen Hillarys« (Lidové Noviny) gebrauchen ihre sieben Sinne, stehen mitten im Leben und wissen nur zu gut ihre Power einzusetzen. Sie sind Aphrodisiakum für ihre Polit-Ehemänner. Dagmar Havlovás quirlige Lebendigkeit bringt Leben in den ehrwürdigen Hradschin (gebaut vom Wiener Hofarchitekten Nikolaus von Pacassi zwischen 1756 und 1774), der Vorbild für Franz Kafkas weltberühmten Roman »Das Schloß« war. Manchmal zeigt sie eine bis

Dagmar Havlová sagt über sich: »Ich bin geboren, um Schauspielerin zu sein.«

an Unverbindlichkeit heranreichende Nüchternheit, dann wieder geht das Schauspielertalent mit ihr durch, folgen jedem kleinen Satz große Gesten. Sie ist weder Revolutionärin noch heilige Johanna. Ein ausgeprägtes Selbstbewußtsein ist der wichtigste Faktor ihrer Karriere. So fordert die First Lady lautstark, daß per Gesetz geregelt werden sollte, welche Rechte ihr als Präsidentengattin zustehen. Und sie verlangt, die Bediensteten der Prager Präsidentenkanzlei zu verdonnern, ihren Anweisungen zu folgen, was jene hartnäckig verweigern. Das Geschrei ist groß. Das Personal steckt die Köpfe zusammen und spricht von Unverschämtheit. Selbst der morgendliche Gruß fällt frostig aus. Die Parlamentarier heulen auf, glauben zu wissen, die junge Dame wolle statt der Republik die konstitutionelle Monarchie einführen. Und die Presse orakelt: Frau Havel versucht ihren Mann politisch zu steuern. Ein absurder Vorwurf, weiß man doch um die oft sehr einsamen Erkenntnisprozesse des Staatsoberhauptes.

Václav Havel: »In allen Staaten, die ich kenne und mit deren First Ladies ich gesprochen habe, ist es so, daß der Service für die Präsidentengattinnen in keinem Gesetz geschrieben steht. In den westlichen Ländern ist er allerdings ein Teil der politischen Kultur. Hinter Hillary Clinton steht im Weißen Haus ein hundertköpfiges Team, und auch die First Ladies Cherie Blair und Sylviane Jospin haben Mitarbeiter. Ohne sie geht es nicht, denn von einer Präsidentengattin werden öffentliche Aktivitäten erwartet, Schirmherrschaften, Teilnahme an internationalen Konferenzen, Bewältigung der Korrespondenz. Das alles hat sich in Westeuropa schon so eingelebt, daß dafür keine Gesetze benötigt werden. Bei uns jedoch gibt es weder ein Gesetz noch eine politische Kultur. Also entsteht aus allem ein Problem.«[6]

Dagmar Havlová aber läßt sich nicht einschüchtern: »Es wird von mir erwartet, daß ich auf Hunderte von Briefen antworte, meinen Mann bei Veranstaltungen vertrete, mich mit gemeinnützigen Aufgaben beschäftige. Doch ich habe nicht einmal eine Sekretärin – und allein ist dieses Arbeitspensum nicht zu schaffen.« Muß dafür gleich ein Gesetz her? »Ich bin in der Lage, eine Hilfskraft aus eigener Tasche zu bezahlen. Aber ich denke dabei nicht nur an mich, sondern auch an zukünftige First Ladies. Wir arbeiten verdammt hart.«[7]

Das bestätigen sogar die politischen Abgeordneten, die aus ihrer Antipathie für diese Frau keinen Hehl machen. Dagmar Havlovás Engagement für mehr Toleranz und friedliches Zusammenleben der tschechischen Bevölkerung mit den Minderheiten im Land widerspricht der Oberflächlichkeit, die Havels zweiter Ehefrau von tschechischen Medien beinahe schon zwangsläufig zugeschrieben wird. Die Ex-Schauspielerin fördert zum Beispiel einen literarischen Wettbewerb für Roma-Kinder und lädt die kleinen Teilnehmer anschließend in die Prager Burg ein. Andererseits scheint Dagmar Havlová auf verlorenem Posten zu kämpfen. In den wenigen Schulbüchern, in denen das Roma-Schicksal überhaupt zur Sprache kommt, bekommen die Kinder zu lesen, daß es sich um eine »sozial nicht anpassungsfähige Gruppe« handle. Viele der pauschal

Verunglimpften wollen nicht mehr in Tschechien leben. Manche haben sogar Angst um ihr Leben. Laut der Europäischen Menschenrechtskommission starben seit 1990 in Tschechien bereits etwa 20 Personen an den Folgen rassistisch motivierter Gewalt. Und die Justiz hat Schwierigkeiten, die Taten entsprechend einzustufen und zu ahnden.[8]

Im Herbst 1997 engagierte sich die First Lady für die Opfer, die bei der verheerenden Hochwasserkatastrophe in ihrer Heimat Mähren Haus und Hof verloren. Sie organisierte zahlreiche Spendenaufrufe und schrieb ehemalige Schauspielkolleginnen und -kollegen an mit der Bitte um Hilfe. Spontan organisierten die Theaterleute eine Benefiz-Veranstaltung in Ostrava, und die First Lady spielte – mit Einwilligung ihres Mannes – noch einmal die Titelrolle in August Strindbergs Komödie »Königin Christina«.

Dagmar Havlová ist auch Ehrenvorsitzende des tschechischen Ausschusses der UNICEF und als Repräsentantin eines Landes, das noch um den Eintritt in die Europäische Union kämpft, Mitglied in der Brüsseler Organisation »Femmes d'Europe«. Die internationale karitative Gemeinschaft vergibt Geldbeträge an Länder, die auf Hilfe angewiesen sind – wie zum Beispiel 1997 Bosnien. Außerdem ist sie Ehrenvorsitzende der Nationalen Bücherei in Prag, Schirmherrin der Stiftung für Tierschutz (RCPCA) und Initiatorin der Krebsstiftung »Květnový den Ligy«. Ein ausgefüllter Alltag – Streß inclusive.[9]

Die Reserviertheit gegenüber der First Lady aber bleibt. Die Vorurteile werden zwar weniger, die Wogen scheinen sich zu glätten. Aber Skepsis ist immer noch weit verbreitet. Die Vorstellung vom alten Mann und dem schönen Biest spukt weiter in den Köpfen. Das weiß auch Václav Havel: »Als ich mit Olga verheiratet war, hat sich die Politik in uns eingeheiratet. Aber Dagmar heiratet in die Politik ein, und das hat man gar nicht gern.« Und weiter: »Alle im Hradschin waren schon da, als Dagmar einzog. Jeder hatte dort seinen Stammplatz, war an die Stereotypen schon gewöhnt. Und auf einmal kommt ein ›homo novus‹ hinzu, stellt Ansprüche, tritt in vorderster Linie neben mir auf. Das ist bestimmt nicht einfach einzusehen und geht sicherlich auch auf Kosten meiner Popularität. Aber es ist ein Fakt, und viele haben sich damit noch nicht abgefunden. Sie haben nicht verstanden, daß wir ein neues Präsidentenpaar sind, anders, als ich es mit Olga war.«

Außerhalb des Landes dagegen wird Dagmar Havlová akzeptiert. Sie hat nicht nur Bekanntschaften, sondern auch Freundschaften mit anderen First Ladies geschlossen. Zum Beispiel mit Reuma Weizman, der Gattin des israelischen Präsidenten, aber auch mit Suha Arafat, der Ehefrau des Palästinenserführers. In Jordanien erhielt die »charmante Botschafterin« von König Hussein den »Renaissance-Orden«, die zweithöchste Auszeichnung des Staates. Nach der Unterzeichnung der deutsch-tschechischen Deklaration im April 1997 wurde sie zu einem feierlichen Mittagessen in Bonn geladen. Neben Dagmar Havlová saß der damalige Bundesaußenminister Klaus Kinkel und ihm gegenüber Václav Havel. Kinkel hatte sich vorher über Dagmars schauspielerische Popularität erkundigt; nach dem Essen fragte er sie aus Spaß: »Das haben Sie alles aufgegeben wegen dieses Menschen mir gegenüber?« Und als Dagmar nickte, meinte Kinkel ganz ernst: »Passen Sie gut auf ihn auf, denn auf ihn kann die Welt nicht verzichten«. Auch mit dem spanischen Königspaar Juan Carlos und Doña Sophia sowie mit dem norwegischen Königspaar Harald und Sonja verbindet die Havels ein reger Interessenaustausch. Und zu den Clintons haben die beiden ebenfalls ein herzliches Verhältnis. »Wir funken auf der gleichen Wellenlänge«, betonen Hillary Rodham Clinton und ihr Mann immer wieder. Regelmäßig telefonieren die First Ladies miteinander. Bevorzugte Themen: das Wohlbefinden von Tochter Chelsea und die Gesundheit des tschechischen Präsidenten. Die beiden Frauen plaudern gern über ihre Jugenderinnerungen, denn auch Hillary Clinton hatte während ihrer Schulzeit kurzfristig mit dem Gedanken geliebäugelt, Schauspielerin zu werden.

Dagmar Havlová wurde am 22. März 1953 in Brünn geboren.[10] Sie ist das zweite Kind des Künstler-Ehepaares Markéta und Karel Veškrna. Bei der Geburt ihrer fünf Jahre älteren Schwester Eva im Krankenhaus hätten Mutter und Tochter die Operation beinahe nicht überlebt. Deshalb entschloß sich die Mutter, Dagmar mit Hilfe einer Hebamme zu Hause zu entbinden. Dagmar – liebevoll »Daša« genannt – wuchs in einer schlicht möblierten Zweizimmerwohnung (61 Quadratmeter) in Zidenice, einem Arbeiter-Vorort von Brünn, auf. Warmwasser gab es nicht, der Sandweg vor der Tür verwandelte sich bei Regen zu einer Schlammstraße mit vielen Schlaglöchern. Die Eltern, strenggläubige Katholiken, wohnen dort heute noch. Die Kinder mußten jeden Sonntag mit in die Kirche, auch wenn sie keine Lust hatten. Vater Karel arbeitete in der Waffenfabrik »Zbrojovka«. Er fiel durch viele Verbesserungsvorschläge auf, woraufhin ihm der Direktor ein Studium für Maschinenbau anbot. Voraussetzung: Karel sollte in die Kommunistische Partei eintreten. Er lehnte ab. Mutter Markéta arbeitete als Ökonomin, brachte zeitweise mehr Geld nach Hause als ihr Mann. In ihrer Freizeit unterhielten die beiden eine Kabarett-Bühne. Er spielte Sketche, zog zwischen den Zeilen die Politik durch den Kakao, und sie sang bekannte Heimatmelodien, versehen mit neuen, aktuellen Texten. Das Ehepaar lebte sehr bescheiden, verdiente 2 000 Kronen (40 Mark) monatlich. Meistens gab es Eintopf, am Wochenende Kartoffelsalat. Für ein Sparbuch reichte das Geld nicht.

Mit zwölf Jahren verdiente Dagmar, die keine Gelegenheit ausließ, die Kinder aus der Nachbarschaft zu ärgern, und dafür so manche Tracht Prügel bezog, ihr erstes Geld. Sie, die so gern ein Junge geworden wäre, gab für zehn Kronen die Stunde Nachhilfeunterricht in Tschechisch und wollte unbedingt Lehrerin werden. Das änderte sich schnell, als Verwandte und Bekannte immer häufiger ihre klare und weiche Stimme lobten. Regisseur Juraj Herz bot ihr an, die Titelmusik zu dem Film »Holka na zabití« (»Ein Mädchen zum Töten«) zu singen. Die Studio-Atmosphäre und das Film-Ambiente imponierten ihr auf Anhieb. Von nun an war klar, daß Dagmar Veškrnová unbedingt Schauspielerin werden wollte. Zum ersten Mal auf der Bühne stand sie im Amateur-Theater von Zidenice – als Teufel, der böse Menschen wegzaubern konnte. Sie hatte ganze fünf Sätze zu sprechen und bekam trotzdem viel Beifall vom Publikum. Das Brünner Staatstheater wurde auf die hochgewachsene Blondine aufmerksam und engagierte den Teenager für die Hauptrolle der Verunka in dem Kammerspiel »Broucci« von Karafiát. Zum ersten Mal wurde ihr Name in den Zeitungen erwähnt. Die Kritiker griffen zu Superlativen. Es war die Rede von einem aufgehenden Stern am Theaterhimmel, von einem erfrischenden Nachwuchstalent und von einer jungen Künstlerin, von der man bestimmt noch viel hören wird. Wie wahr! Die Zeitungsausschnitte von ihrer ersten großen Premiere hat sie in ihr Poesie-Album geklebt.

Nach der Schule studierte Dagmar Veškrnová am Konservatorium in Brünn, anschließend an der »Janáček-Akademie für Musische Künste«. Nach dem Studium spielte sie u. a. die Tatjana in Puschkins »Eugen Onegin« und die Sonja in Párals »Die professionelle Frau«. Im Juli 1975 lernte sie ihre große Liebe Radvít Novák kennen. »Ein toller Mann, schön von den Haarspitzen bis zu den Fußspitzen. Und sehr zärtlich«, vertraute sie ihrem Tagebuch an. Die beiden zogen von Brünn nach Prag und heirateten am 19. September 1975 – zweieinhalb Monate nach ihrem ersten Rendezvous. Anstelle einer Hochzeitsreise unterzeichnete das frischvermählte Schauspieler-Ehepaar einen Kontrakt am Theater »Divadlo Jiriho Wolkera«. Drei Wochen später stellte Dagmar fest, daß sie schwanger war. Sehr zum Ärger des Theaterdirektors, der sich hintergangen fühlte. Er drohte mit dem Job der Platzanweiserin und kündigte Konsequenzen für den Fall eines Vertragsbruchs an. So stand Dagmar bis 14 Tage vor der Geburt von Tochter Nina fast jeden Abend auf der Bühne. Knapp zwei Monate später agierte sie bereits wieder vor der Kamera. Die junge Familie konnte es sich finanziell nicht leisten, Film- oder Fernsehangebote auszuschlagen.

Dagmars Heimat wurde das Theater, die Bühne war ihr Leben. Während ihre Schauspielkarriere sich kontinuierlich weiterentwickelte, blieben die Berufswünsche ihres Mannes, der sich zwischendurch als Beleuchter verdingte, auf der Strecke. Immer häufiger kam es zum Streit, immer häufiger war das Schauspieler-Ehepaar wochenlang getrennt. Man lebte sich auseinander. Im Herbst 1981 ließen sich die beiden scheiden. Ein Kindermädchen konnte sich die Schauspielerin nicht leisten. Tochter Nina kam zu den Großeltern nach Brünn, die sich rührend um die Kleine kümmerten. Die Folge: viele schlaflose Nächte und viele Tränen. Dagmar Veškrnová erinnert sich: »Jeder Mutter blutet das Herz, wenn sie ihr Kind weggeben muß, es wochen-, manchmal monatelang nicht sehen kann. Aber es gab keine andere Lösung. Scheidung, Beruf, das alles war zu viel für mich. Aber ich habe aus dieser schweren Zeit auch viel gelernt. So ein Schritt käme für mich nicht noch einmal in Frage. Ich würde irgendeinen anderen Weg finden, damit Mutter und Tochter zusammenbleiben können – gerade in den Jahren, wo sie einander sehr brauchen.«

Dann der Höhepunkt 1992: Dagmar Veškrnová spielt die Schneiderin Eva in der Komödie »Gazdine roba« (»Die Tochter der Gastwirtin«), eine Rolle voller Liebe und Leidenschaft, die wohl heroischste Gestalt des tschechischen Theaters überhaupt. Sie erhält für ihre Glanzleistung auf der Bühne den renommierten tschechischen Theaterpreis »Alfred«, und sie wird im selben Jahr zur »populärsten Schauspielerin des Landes« gekürt. Dagmar Veškrnová hat es geschafft, ist begeistert, fasziniert von dem Beruf, der ihr so viele Möglichkeiten bietet, sich frei zu entfalten. Seit 1980 gehört sie zum Ensemble des »Theaters auf den Weinbergen«, der wohl populärsten Bühne des Landes. Jetzt ist Dagmar Veškrnová ein Star. Sie ist stolz auf das Geleistete, auf ihre Selbständigkeit und ihre Unabhängigkeit. Eines ihrer Vorbilder war Picasso: Er malte seine Bilder immer und immer wieder, bis sie perfekt waren. So ergeht es ihr mit der Schauspielerei. Für knapp 200 Fernsehspiele und rund 50 Filme hat sie bislang vor der Kamera gestanden.

Außerdem feierte sie ca. 50 Theaterpremieren. Freunden erzählt sie immer wieder: »Ich bin geboren, um Schauspielerin zu sein.«

Im Herbst 1989, auf der Feier zum 30. Jubiläum des Prager »Semafor«-Theaters, treffen sich Dagmar Veškrnová und Václav Havel rein zufällig beim Smalltalk, mit einem Glas in der Hand. Dagmar registriert den Namen Václav Havel erstmals ein paar Monate zuvor, als ein Theaterkollege sie bittet, eine Petition für die Entlassung Havels aus dem Gefängnis zu unterzeichnen. Doch Dagmar weigert sich. Grund für Havels Haft: Am 16. Januar 1969 verbrannte sich der junge Student Jan Palach öffentlich am Denkmal des Heiligen Wenzel auf dem Wenzelsplatz in Prag. Damit wollte er seinen Protest gegen den Einmarsch sowjetischer Soldaten im August 1968 dokumentieren. Die Öffentlichkeit sollte von der Selbstverbrennung nichts erfahren. Václav Havel spricht sich ebenfalls gegen den Einmarsch der sowjetischen Soldaten aus; als er einen Kranz an der Stelle niederlegt, wo sich Palach verbrannte, wird er festgenommen. Danach folgen zahlreiche Verhaftungen, weil die damalige Regierung unter Gustav Husák befürchtete, Havel könnte zu weiteren Protesten anstiften.[11]

Václav Havel und Dagmar Vreškrnová unterhalten sich lange auf dem »Semafor«-Jubiläum, aber von Liebe auf den ersten Blick keine Spur. Die beiden telefonieren gelegentlich miteinander, verabreden sich auch schon mal zum Essen. Mehr aber war nicht. Das beteuern beide. Als Olga Havlová am 27. Januar 1996 stirbt, fühlt sich Havel als der »einsamste Mensch auf Erden«. In der schweren Zeit wird Dagmar zu einer guten Freundin. Bei ihr spricht er sich über seine Gefühle und Gedanken aus. Als der Präsident 1996 auf Staatsbesuchen in Südamerika unterwegs ist, ruft er sie jeden Tag an. Die Aktrice wird zum neuen Mittelpunkt seines Lebens. Bei Kerzenschein und Rotwein hält er um ihre Hand an, sie willigt ein, den Tränen nahe. Voraussetzung: Dagmar muß das Theater verlassen. Eine neue Etappe ihres Lebens beginnt. Heimlich bereitet das Paar die Hochzeit vor. Die beiden zeigen sich erstmals gemeinsam beim Konzert des amerikanischen Megastars Michael Jackson in der Öffentlichkeit. Nur viel gehört und gesehen haben sie nicht von dem gigantischen Spektakel. Die Fotografenmeute stürzt sich gierig auf das Liebespaar, jeder will die erste öffentliche Umarmung, jeder will den ersten öffentlichen Kuß dokumentieren. Die »Turteltauben« (Daily Telegraph) besuchen Theaterpremieren und promenieren händchenhaltend durch nahegelegene Parks. Dann verschlechtert sich der Gesundheitszustand Václav Havels rapide. Er hustet viel, bekommt Fieber und glasige Augen. Der Hausarzt glaubt, es sei lediglich, wie er es nennt, die »Präsidentenkrankheit«, die vom vielen Rauchen herrühre. Dagmar Veškrnová gibt sich mit dieser Diagnose jedoch nicht zufrieden, arrangiert bei anderen Ärzten einen Termin für eine Computertomographie. Im Dezember 1996 der Schicksalsschlag: Ärzte entdecken am rechten Lungenflügel des langjährigen Kettenrauchers ein Krebsgeschwür. Ein Drittel der rechten Lunge muß entfernt werden. Vier Wochen verbringt Dagmar bei ihrem zukünftigen Mann im Krankenhaus, dann droht der nicht operierte Lungenflügel sich zu entzünden. Die Schauspielerin macht sich große Sorgen, hat das Gefühl, daß sich die Ärzte nicht ausreichend um den prominenten Patienten kümmern. Obwohl noch nicht verheiratet, kritisiert sie öffentlich die Ärzte und das Personal. Ein gefundenes Fressen für die Presse. Die Rede ist davon, sie habe Schulmediziner verjagt, Wunderheiler ans Krankenbett zitiert und nach einem Standesbeamten zwecks Nottrauung schicken lassen. Ende Dezember 1996 kann Václav Havel das Krankenhaus verlassen. Zigaretten sind seitdem tabu.[12]

Acht Tage später, am 4. Januar 1997, wird geheiratet, im Rathaus des Prager Stadtteils Zizkov. Dort, wo Havel 1964 auch seine erste Frau Olga ehelichte. Zu den Trauzeugen gehören der Ministerpräsident Ivan Medek, der Präsidenten-Berater Karl Schwarzenberg, zwei enge Freunde der Braut, die Schauspieler Jan Tříska und Tana Fischerová, und Dagmars Tochter aus erster Ehe, die 19jähri-

Offizieller Fototermin mit dem Präsidenten-Ehepaar Havel

ge Nina. Nicht dabei: Dagmar Havlovás Schwester Eva, inzwischen eine erfolgreiche Sängerin und Vorkämpferin für alternative Medizin. Die anschließende Feier findet im kleinsten Kreis statt – knapp 60 Personen. Die Presse hat zehn Minuten, um Fotos zu schießen und Fragen zu stellen. Dann werden die Herrschaften sanft hinauskomplimentiert.[13] Im Mittelpunkt steht jetzt das Bilderbuchpaar: Die erfolgreiche Schauspielerin Dagmar Veškrnová und der charismatische Václav Havel, seit der Teilung der Tschechoslowakei Oberhaupt der Tschechischen Republik.

Der Sohn eines Restaurantbesitzers und einer Fremdenführerin gehört als Schriftsteller (»Das Gartenfest«, »Die Retter«, »Die Fledermaus auf der Antenne«, »Der Versuch, die Wahrheit zu leben«) und Dramaturg wie als Politiker zu den auffälligsten und schillerndsten Erscheinungen seiner Generation in Europa. 1989 wird er mit dem »Friedenspreis des Deutschen Buchhandels« ausgezeichnet. Im Juni

1998 erhält er den »Westfälischen Friedenspreis«. Aus gesundheitlichen Gründen kann Havel nicht nach Münster kommen. Seine Frau Dagmar Havlová nimmt den Preis entgegen, bedankt sich für »die großartige Auszeichnung« und sagt zu, den Betrag in Höhe von 50 000 Mark an eine humanitäre Stiftung zu überweisen. Havel hat sich als »Leitfigur grenzüberschreitender Verständigung zwischen den Völkern und ihren Bürgern profiliert«, lautet die Begründung der Jury. Bei dem Besuch Hillary Clintons in Prag im letzten Oktober charakterisiert der frühere amerikanische Außenminister Henry Kissinger Václav Havel als »eine der größten Persönlichkeiten dieser Welt«. Und die amerikanische First Lady bedenkt den Gastgeber mit den Worten: »Er ist ein würdiger Vertreter tschechischer Interessen, ein Vorreiter der Demokratie und der Menschenrechte.« Solche Einschätzungen aus dem Munde einer Frau wären in Tschechien unmöglich, würden als grobe Einmischung der ersten Dame des Landes in die Politik gewertet.[14]

Abwechselnd sind die Tschechen über ihren »Vašek« vergrämt oder in ihn verliebt, in den Dichter mit dem jungenhaften Charme, den Widerständler im KP-Regime, der als Mitbegründer der Bürgerrechtsbewegung »Charta 77« vom Staatsfeind zum Hüter der Rechtsstaatlichkeit im demokratischen Tschechien aufgestiegen ist. Die »sanfte Revolution« im November 1989 macht ihn zu einer Symbolfigur.[15] Am 29. Dezember 1989 wird der parteilose Politiker, der Rockmusik liebt und alle »Rolling Stones«-Platten zu Hause hat, einstimmig zum Präsidenten gewählt. Seit der Teilung der Tschechoslowakei im Jahr 1992 ist Havel Präsident der Tschechischen Republik. Rascher als alle anderen mitteleuropäischen Länder hat die Tschechische Republik zur Normalität zurückgefunden. Nirgends auf der Welt gibt es zur Zeit ein Staatsoberhaupt vom Schlage dieses Mannes. Havel ist ein Dichter, ein Moralist, ein Intellektueller. Václav Havel hat vieles ertragen: Berufsverbot, Schikanen und Gefängnis. Nie jedoch schlug das Gefühl der Ohnmacht um in Zorn oder Haß. Niemals aber auch in Resignation.

»In der Bundesrepublik«, sagte Havel vor ein paar Jahren, »wäre ich wahrscheinlich Startbahngegner, hätte ich gegen die Pershing 2 demonstriert und wäre Aktivist der Öko-Bewegung und Wähler der Grünen geworden.« Im Januar 1998 wird das Staatsoberhaupt, das seinem Chauffeur verboten hat, Uniform zu tragen und ihm die Autotür aufzuhalten, zum dritten Mal für weitere fünf Jahre wiedergewählt. Viele Tschechen halten ihn für den letztverbleibenden Garanten von Stabilität und Legitimität im politischen Geschäft. Sein Credo: »Ich mache antipolitische Politik, Politik des Menschen, nicht des Apparats.«

Die Love-Story von Dagmar und Václav Havel geht schnell um die Welt. Viele Glückwünsche erreichen das Paar von prominenten Persönlichkeiten wie Bill Clinton, Jacques Chirac und der Schauspielerin Mia Farrow, Ex-Ehefrau von Woody Allen. Die internationale Presse jubelt. Zum Beispiel die spanische Tageszeitung »El País«: »Prag hat wieder eine Königin.« Die französische Tageszeitung »Le Figaro« schreibt: »Was Besseres konnte dem Präsidenten gar nicht passieren«, und die »New York Times« gratuliert mit den Worten: »Jetzt scheint für Havel wieder die Sonne.«

In der Heimat aber verdüstert sich das Bild vom trauten Glück schnell. In die Euphorie mischen sich schrille Mißtöne. Bereits eine Woche nach der Hochzeit überbietet sich die Prager Boulevardpresse mit Unterstellungen, Verdächtigungen und Gemeinheiten. Einige vermelden, daß Dagmar schwanger sei, andere wissen, daß Dagmar ein Kind aus dem Reagenzglas erwartet. Und das frischvermählte Paar wird schnell von der Vergangenheit eingeholt. Pünktlich zum 20. Geburtstag der tschechoslowakischen Bürgerrechtsbewegung »Charta 77«, als deren Mitinitiator und wichtigster Sprecher Václav Havel weltweit bekannt geworden ist, enthüllt die Prager Tageszeitung »Pravo«, daß Jungschauspielerin Veškrnová damals auf der anderen Seite der Barrikaden stand. Sie hat am 10. Februar 1977 angeblich die kommunistische »Anti-Charta«

Dagmar Havlová und Václav Havel sind gelegentlich zu Gast bei seinen alten Freunden aus der Bürgerrechtsbewegung.

unterschrieben, welche die Bürgerrechtler als »beißhungrige Habichte des Imperialismus« verunglimpfte.[16] Der »Skandal« wird von der Prager Präsidentenkanzlei umgehend dementiert: »Die damals 23jährige Schauspielerin vom »Wolker-Theater« sei seinerzeit im Mutterschaftsurlaub gewesen und habe so gar keine Möglichkeit gehabt, sich gegen die Charta zu äußern. Wer die Wahrheit sagt, ist offenbar nicht zu klären. Vielleicht aber wäre Dagmar Havlová gut beraten gewesen, ihr Erinnerungsvermögen zu mobilisieren, ihre Signatur unter den Anti-Charta-Wisch einzugestehen und zu sagen: »Stimmt, ich habe mich geduckt wie viele meines Volkes. Nicht jeder ist zum Märtyrer geboren. Wie schön, daß wir heute in einem politischen System leben, in dem man kein Held sein muß, um anständig zu bleiben.« Damit hätte die Präsidentengattin auf überaus sympathische Weise eine pädagogische Tat gesetzt und gefördert, was nicht nur die kommunistischen Staaten brauchen – weniger Selbstbetrug, mehr Ehrlichkeit im Umgang mit den eigenen Schwächen.

Der »Fall Veškrnová« paßt offenbar in das Bemühen einer gewissen tschechischen Öffentlichkeit, die neue Frau an Havels Seite niederzuschreiben. Der Präsident nimmt diese Enthüllung gelassen zur Kenntnis: »1977 war Dagmar eine junge, hübsche Frau und am Beginn ihrer Laufbahn. Ihr beruflicher Erfolg hing vom Wohlwollen der Machthaber ab. Also, was soll das?«

Am 19. Februar 1997 hat sie ihren letzten Bühnenauftritt als »Königin Christina«. Ein rauschender Abschied. Langanhaltende Ovationen nach der Vorstellung, Blumen, soweit das Auge reicht, Tränen der Rührung. Von ihren Kollegen bekommt sie ein besticktes Taschentuch mit ihren Initialen. Kolleginnen backen ihr einen Kuchen. Die Abschiedsparty ist organisiert. Vor dem letzten Tag ihrer schauspielerischen Karriere hatte Dagmar Veškrnová große Angst, denn für sie bedeutete er einen Bruch mit ihrer Identität.

Ein größeres Problem bleibt Václav Havels Gesundheit. Seit einiger Zeit ist der Präsident Stammgast in Spezialkliniken. In den letzten zweieinhalb Jahren wurde Václav Havel fünfmal operiert.

Hinter ihm liegen eine schwere Krebsoperation, vier Lungenentzündungen und ein Eingriff an der Luftröhre wegen seiner chronischen Bronchitis. Hinzu kommt eine Darmoperation im April 1998. Und immer wieder gehen Prager Bürger in die Kirchen der Stadt, um für das Wohl ihres »Vašek« zu beten, und zahlreiche Tschechen schreiben an das Präsidialamt, geben Tips, wie er schnell wieder gesund werden könne.

Letzter größerer Rückschlag im vergangenen Jahr: Während eines Kurzurlaubs in Tirol im Frühjahr 1998 erleidet Havel einen Darmdurchbruch. In der Innsbrucker Klinik folgt eine Operation auf Leben und Tod. Die Krise mit mehreren Nachoperationen und Tagen im künstlichen Tiefschlaf dauert 15 Tage. Dann kann Professor Ernst Bodner Entwarnung geben. Seine Bewunderung gilt Ehefrau Dagmar: »Sie hat in der Zeit kaum gegessen und geschlafen, ist höchstens für ein paar Stunden erschöpft eingenickt. Eine starke, liebe Frau.«[17]

Knapp vier Monate später: Der tschechische Präsident erleidet eine lebensbedrohende Herzkrise, wird eiligst ins Prager Militärhospital gebracht. Die Ärzte stellen Herzrhythmusstörungen und eine beginnende Lungenentzündung fest. Mit Elektroschocks und einer intensiven Medikamentenbehandlung wird sein Zustand stabilisiert. Dann stellen sich massive Atemprobleme und Fieber ein, weil eine Bronchie verstopft ist. Der Puls rast, der Blutdruck sinkt gefährlich. Durch einen Luftröhrenschnitt wird in seine Luftröhre ein Atemröhrchen eingeführt. »Ein Mensch, dem derartiges auf der Straße passiert, hat nur eine sehr schlechte Chance«, sagt einer der behandelnden Ärzte.[18] Weitere Details brauchen die Tschechen nicht, um zu erkennen, wie ernst es wieder einmal um Havel steht. Der wohl klarste Hinweis, wie sehr das Leben von Václav Havel auf der Kippe stand, ist die Tatsache, daß sein Bruder Ivan – ein erfolgreicher Mathematiker – und dessen Frau ans Krankenbett geeilt sind. Tag und Nacht an seiner Seite: Ehefrau Dagmar.

Dem österreichischen Magazin »News« gab die First Lady vor ein paar Monaten folgendes Interview:

Ihr Mann hat viele schwere Operationen über sich ergehen lassen müssen. Haben Sie Angst um das Leben des Präsidenten?

Nein, den Gedanken an den Tod habe ich zu keiner Sekunde zugelassen. Schließlich wollen wir noch viele schöne Jahre miteinander verbringen.

Was empfinden Sie, wenn Sie Ihren Mann an Schläuchen angeschlossen im Bett liegen sehen?

Traurigkeit ist es nicht. Nein, es ist interessanterweise eine angenehme, tiefe Ruhe, die mich durchflutet.

Sie sind seit gut zwei Jahren verheiratet. Erste Bilanz?

Ich habe einen wunderbaren Mann. Wir müssen das Leben so meistern, wie es auf uns zukommt, Tag für Tag.

Fehlt Ihnen Ihr Beruf als Schauspielerin?

Ja, sehr. Ich habe viel Theater gespielt und vor der Kamera

Die tschechische First Lady bei der Durchsicht der täglichen Post

gestanden. Mein Beruf hat Václav und mich schließlich zusammengeführt, als sich die Künstler im Zuge der Revolution für Havel stark gemacht haben.

War es Liebe auf den ersten Blick?

Nein. Das hat sich langsam entwickelt. Er war der Held, und sein Charisma hat mir durchaus imponiert. So sind wir uns nähergekommen.

Was macht Ihre inzwischen 22jährige Tochter Nina?

Sie hat vor ein paar Monaten auf Schloß Lany – westlich von Prag – den Israeli Shalev Ad-El (30) geheiratet. Nina studiert nach einer abgeschlossenen Maskenbildner-Ausbildung jetzt Psychologie. Mein Schwiegersohn ist Cembalospieler und Dirigent. Er lebt bereits seit vielen Jahren in Prag, arbeitet aber auch im Ausland.

Shalev ist Spezialist für Barockmusik, musikalischer Leiter eines Chors in Norwegen und hat an Hochschulen in Dresden und Brünn unterrichtet.

Können Sie sich vorstellen, daß sich Ihr Mann aus dem politischen Leben zurückzieht?

Vor der neuerlichen Kandidatur haben wir schon darüber nachgedacht. Wir können uns ein Leben ohne Streß, Neid und Kränkungen durchaus vorstellen. Mein Mann würde dann wieder Theaterstücke schreiben, in denen ich vielleicht spielen könnte. Wir würden reisen. Und es gibt Angebote, an ausländischen Universitäten zu lehren. Aber noch hat er ein sehr ausgeprägtes Verantwortungsgefühl, weil er fühlt, daß Tschechien ihn braucht.

Die Medien in Ihrer Heimat behandeln Sie ziemlich unfair. Verletzt Sie das?

Ja, das tut es. Man ist dem ja hilflos ausgeliefert. Bei einer so massiven Kampagne kann man sich nicht wehren. Neid und Argwohn gibt es immer, sobald eine Frau sich einem wichtigen Mann nähert. Und eine Frau, die nicht zu allen Dingen ja und amen sagt, die hat es heute besonders schwer. Trotzdem habe ich das Gefühl, die Stimmung wird besser.

Besserung ist in Sicht, trotz gelegentlicher Rückschläge. Über ihre Liebe haben der Präsident und seine vielgescholtene Frau im letzten Jahr eine Art Love-Roman veröffentlicht. Darin erscheinen Václav und Dagmar volksnah wie Vašek und Daša von nebenan. Der Bestseller trägt den Titel »Dva osudy v jednom svazku«, was übersetzt »Zwei Schicksale in einem Bund« heißt. Bis Ende 1998 wurden von der romantischen Schnulze 447 000 Exemplare verkauft. Böse Zungen haben aus »osudy« (Schicksal) sogleich »ostudy« (Schande) gemacht. Vermutlich sind es dieselben Mäuler, die Havel bisher vorwarfen, ein abgehobener Schöngeist zu sein, der keine unbefangenen Worte für das eigene Volk mehr fände. Und Dagmar Havlová hat dafür gesorgt, daß eine Werbeagentur auf die für tschechische Verhältnisse unerhörte Summe von fünf Millionen

Kronen (knapp 300 000 Mark) Schmerzensgeld verklagt wurde, die mit dem Konterfei des Staatsoberhauptes respektlos umging. Auf einem Schuhwerbeplakat schleckt ein Hündchen einen feisten Pilz ab, der die Züge Václav Havels trägt. Das Plakat hat den Titel »Dašenka und Václavka«. Tatsächlich benennt die Verballhornung des Namens Václav einen begehrten Speisepilz, den Hallimasch, und »Dašenka«, der doppelte Diminutiv des Namens Dagmar, erinnert an ein beliebtes Kinderbuch von Karel Čapek über einen Foxterrier. Schöpfer des Plakats ist Milan Knizak, bis vor 20 Monaten Rektor der Akademie der Schönen Künste. Es entbrennt eine Debatte über Kunst und Respekt vor Verfassungsorganen. Die inkriminierte Brünner Werbeagentur »Mars« gibt zu bedenken, die Schadenersatzforderungen für die Geschmacklosigkeit würde ihren Ruin bedeuten. Das Präsidentenpaar gibt vorsorglich bekannt, die Strafsumme in jedem Fall für die mährischen Flutopfer zu spenden.[19]

Damit nicht genug: Dagmar Havlovás Hündin »Sugar« vertreibt eine andere langjährige Hausgenossin aus dem Präsidentenhaushalt. Die Boxerhündin der First Lady hatte Junge bekommen, was den von Frau Olga ererbten kleinen Schnauzer »Dula« zu außerordentlichen Eifersuchtsreaktionen herausforderte. »Sugar« beantwortete die Angriffe des Rivalen mit wütenden Beißattacken. »Dula« mußte aus dem Haus. Eine Sekretärin des Präsidenten adoptierte den Vierbeiner.

In den Medien wurde dieser zweite Fall »Humphrey« (Großbritanniens First Lady Cherie Blair setzte die Katze einfach vor die Tür der Downing Street Nr. 10) mit gewisser Süffisanz breitgetreten. Parallelen zur Menschenwelt, zu ihren Eifersüchteleien und Niederträchtigkeiten seien nicht von der Hand zu weisen, heißt es da. Die neue Hüterin des Hundes berichtet jedenfalls, Jagdhund »Dula« durchstreife rastlos Haus und Hof nach seinem geliebten »Vašek«.[20]

Außerdem ist die erste Dame des Landes ins Visier ihrer Schwägerin gleichen Namens geraten. Seit langem schwelt ein Streit, wie die immensen, nach der Wende restituierten Liegenschaften der Brüder Ivan und Václav Havel zu verwerten seien. Dabei hegt die Schwägerin Dagmar Havlovás weiterreichende Pläne. Sie nimmt bitter übel, daß der Präsident erst große Teile seines Vermögens in die gemeinnützige »Olga und Václav Havel«-Stiftung einbrachte und später seine Hälfte von dem Büro-, Theater-, Laden- und Amüsierkomplex »Lucerna« am Wenzelsplatz an ihr vorbei einer Rüstungsholding verkaufte, ohne sie zu informieren. Und der Präsident hat ein beträchtliches weiteres Stück seines Vermögens seiner zweiten Frau Dagmar überschrieben. Darunter seinen Teil der berühmten »Barrandov-Terrassen«, eines ziemlich heruntergekommenen Ausflugslokals im Süden Prags. Da architektonisch höchst wertvoll und geschäftlich vielversprechend, hatte Schwägerin Dagmar viel damit vor. Die Übergabe an die Präsidentengattin stiftete neuen Unfrieden. Letztere bot Gespräche über eine gemeinsame Nutzung an. Ein gefundenes Fressen für den quotenversessenen Privatsender »Nova-TV«, die First Lady als »raffgierig« und »skrupellos« zu bezeichnen. Und immer laufen diese Meldungen an erster Stelle, als würde in der Welt sonst nichts passieren.[21]

Trotzdem: Die Attacken des Fernsehens und der Presse, die privaten Scharmützel hinter den Kulissen laufen zwar uneingeschränkt auf Hochtouren, doch die Bevölkerung ist inzwischen wesentlich gnädiger gestimmt als vor zwei Jahren. Viele haben zu differenzieren gelernt, viele haben den gnadenlosen Kampf um Einschaltquoten durchschaut. Die Frage, ob Dagmar Havlová wirklich zu einer starken First Lady oder nur zu einem Stolperstein für ihren Mann wird, haben viele schon positiv entschieden.

85 Prozent der Tschechen bekunden dem 62jährigen Dichterpräsidenten uneingeschränkt ihr Vertrauen und halten ihn für ein Vorbild im undurchschaubaren Politik-Geschäft. Dreiviertel der Befragten glauben heute, daß die 46jährige Ex-Schauspielerin eine gute Wahl ist. Sie vertritt das Land optimal nach außen und erweist sich in ihrer Heimat als tapfer und ehrgeizig. Diese Entwicklung

hätte vor zwei Jahren kein Experte für möglich gehalten. Die anfängliche Patzigkeit ist verschwunden, ihre Überheblichkeit mit Unsicherheit erklärt. Geblieben ist ihr unerschütterlicher Wille, für die Rechte der Frauen zu kämpfen, die Emanzipation in ihrem Land voranzutreiben. Die Zahl der Leute, die von ihrer First Lady reden, steigt. Vor allem die Männer sind zunehmend von der blonden Schönheit begeistert. Als die Tageszeitung »Blesk« Ende letzten Jahres fragte, ob Dagmar Havlová ihre Traumfrau sei, antworteten von 7 000 Befragten 54 Prozent mit »Ja«. Begründung: Sie hat Schick, Eleganz, ein charmantes Lächeln und viel Sexappeal. Der Herzenswunsch vieler Tschechen: Frau Havlová möge dem bislang erbenlosen Präsidenten noch Nachwuchs bescheren.[22]

Baby-Geschrei im Hause Havel, das ist zwar ziemlich unwahrscheinlich, aber davon zu träumen, ist sicherlich erlaubt.

Anmerkungen

1 »Welt am Sonntag« vom 15. November 1998
2 »News« vom 7. Dezember 1998
3 Zeitschrift »Styl« vom März 1997
4 »Die Zeit« vom 29. Janaur 1998
5 »Süddeutsche Zeitung« vom 23. Januar 1998
6 »Newsweek« vom 12. April 1998
7 »CTK-Business News« vom 13. Juli 1998
8 »Tagesspiegel« vom 2. März 1998
9 Buch: »Dva osudy v jednom svazku«
10 »CTK-Business News« vom 2. Februar 1998
11 »Neue Zürcher Zeitung« vom 6. Januar 1998
12 »CTK-Business News« vom 4. Januar 1997
13 »Süddeutsche Zeitung« vom 10. Januar 1987
14 Axel Springer Archiv vom 16. Juli 1998
15 »Die Woche« vom 24. Juli 1998
16 »Profil« vom 12. November 1998
17 »News« vom 19. April 1998
18 »Süddeutsche Zeitung« vom 4. August 1998
19 »Der Spiegel« vom 10. September 1997
20 »Süddeutsche Zeitung« vom 4. Dezember 1997
21 »Berliner Zeitung« vom 27. August
22 Zeitschrift »Reflex« von Mitte November 1998

Polen

Jolanta Kwaśniewska, die polnische First Lady, ist eine emanzipierte Frau, ohne eine Emanze zu sein.

Ihr Selbstbewußtsein versetzt Berge: Erfolgreich rührte Jolanta Kwaśniewska die Werbetrommeln für ihren Mann, pries seine Aufrichtigkeit, seine Zuverlässigkeit und seine Dynamik. Mit 41 Jahren wird Aleksander Kwaśniewski Polens Staatspräsident – der jüngste in Europa. Die First Lady hat alles fest im Griff. Sie betont auffällig oft, daß sie nicht daran denke, Einfluß auf die Regierungsgeschäfte zu nehmen. Doch jeder, der die schwarzhaarige Schönheit kennt, weiß, daß es der stets sonnengebräunten Danzigerin nicht ausreicht, im Schatten ihres Mannes zu leben. Die frühere Juristin und Immobilienmaklerin, die gern Miniröcke trägt, versteht es geschickt, mit den Medien zu spielen. Sie ziert die Titelseiten der Modezeitschriften und plaudert in Interviews ungeniert über ihr Privatleben. Jolanta Kwaśniewska – eine moderne, starke Frau.

Jolanta Kwaśniewska

Die Passanten in Polens Innenstädten staunen nicht schlecht: Von den Plakatwänden lächelt ihnen die Präsidentengattin des Landes entgegen – als attraktives Model auf dem Titelbild der Modezeitschrift »Elle«. Jolanta Kwaśniewska sitzt lässig im Schneidersitz auf einem Stuhl, die linke Hand ist dekorativ unter das Kinn geschoben, der Augenaufschlag symbolisiert Selbstbewußsein. Auffällig glänzt der breite Ehering, rote Lippen dominieren das Gesicht. Sie ist bekleidet mit einem hellen weitgeschnittenen Rollkragenpullover, trägt dazu enge schwarze Hosen und dunkle Stiefeletten. Das Outfit stammt aus dem französischen Haute-Couture-Salon Christian Dior. Überschrift: *Der neue Stil der First Lady.* Einmalige Fotos von Jolanta Kwaśniewska. Einige Passanten schütteln im Vorübergehen den Kopf, andere erwidern das Lächeln der Schönheit mit den halblangen schwarzen Haaren. Die Meinungen über diesen Abstecher in die Hochglanz-Mode gehen weit auseinander: »Ein Skandal«, schimpft das politische Wochenblatt »Wprost«. »Unsere First Lady als Fotomodell, unglaublich!« Einige Modehäuser der Hauptstadt jubeln: »Jolanta würde auf jedem Laufsteg der Welt eine gute Figur abgeben.« Die Leser der Zeitschrift entdecken Ungereimtheiten: Während sich Jolanta Kwaśniewska auf dem Titelbild in Dior-Garderobe ablichten läßt, lehnt sie im Inneren des Heftes Kleiderangebote westlicher Modehäuser ab, »weil ich keine Reklame, für welche westliche Firma auch immer, machen werde«. Das war im Frühjahr 1998.

Damit nicht genug: Auch ihr Ehemann Aleksander Kwaśniewski entpuppt sich als Freund des »neuen Stils«. Die verblüfften Leser der beiden wichtigsten polnischen Tageszeitungen »Życie Warszawy« und »Gazeta Wyborcza« trauen ihren Augen nicht, als ihnen der Regierungschef ebenfalls im Frühjahr 1998 auf ganzseitigen Anzeigen der Möbelfirma »Forte« entgegenlächelt – zusammen mit fünf fröhlich grinsenden Chinesen. Bildunterschrift: *Der Präsident dürfte zufrieden sein.* Womit? Wofür? Was soll das heißen? Und erneut schlagen die Wellen hoch: Wieder ist von Skandal die Rede. Wochenlang beschäftigt das Thema die Presse. Kwaśniewski-Berater befürchten: »Das wird ein Nachspiel haben.« Susan Humpert von der britischen Werbeagentur Saatchi & Saatchi fragt in »Życie Warszawy« provokant: »Können Sie sich vorstellen, daß Premier Tony Blair für Pizza werben würde?« Und Kanzleisprecher Wiesław Walendziak meint: »Die Oberhäupter von Staat und Regierung können die gesamte Wirtschaft eines Landes anpreisen, aber doch nicht ein konkretes Produkt.« Es kommt noch besser: Die polnische Presse hat recherchiert, daß der Forte-Chef ein persönlicher Bekannter des Präsidenten ist und bei dessen jüngster Chinareise Mitglied der offiziellen Delegation war. Und sie findet heraus, daß in den Forte-Verkaufsläden in Danzig der Schwiegervater des Präsidenten Czesław sowie der Schwager Mariusz als Filialleiter arbeiten.

Die politischen Gegner holen zum Rundumschlag aus, sprechen von Polit-Filz und Vetternwirtschaft, von üblen Machenschaften und peinlichen Entgleisungen. Verbal-Revolution auf den Parlaments-Fluren. Nur einer versteht die ganze Aufregung überhaupt nicht: Aleksander Kwaśniewski: »Das ist doch bloß eine Information für die Eröffnung eines Möbelhauses in China. Ich habe meine Zusage, mit meinem Konterfei zu werben, doch nur gegeben, um die Exportförderung polnischer Produkte anzukurbeln.«[1]

Seit Dezember 1995 ist vieles anders in Polen zwischen Danzig und Warschau, Breslau und Krakau, in dem Land mit knapp 38 Millionen Einwohnern. Im Ersten Wahlgang erreichte der Spitzenkandidat der »Demokratischen Linksallianz« (SLD) Aleksander Kwaśniewski 35,1 Prozent vor dem Arbeiterführer und Nobelpreisträger Lech Wałęsa mit 33,1 Prozent. Auch im Zweiten Wahlgang verbuchte der smarte Herausforderer in der Stichwahl einen zwar knappen, aber ausreichenden Vorsprung für sich. Er gewann mit

Aleksander Kwaśniewski und seine Frau Jolanta geben bei der polnischen Präsidentenwahl am 5. November 1995 ihre Stimme ab.

51,7 Prozent zu 48,3 Prozent.[2] Kwaśniewski hatte es verstanden, mit seinem jugendlichen, sportlichen Charme vor allem junge Wähler zu gewinnen, während die antikommunistischen Tiraden nicht fruchteten und die deutliche Wahlhilfe der Kirche für Wałęsa bei weiten Teilen der Bevölkerung offenbar das Gegenteil bewirkte. Ein weiterer Grund: Präsident Wałęsa hat in den vergangenen Jahren mit der Art seiner Amtsführung und dem Dauerclinch mit der Regierung für viel Unruhe gesorgt und den Verdacht genährt, am Sessel zu kleben.[3] Mit 41 Jahren wird Aleksander Kwaśniewski der jüngste Staatspräsident Europas.

Maßgeblichen Anteil an dem Wahlsieg hat seine Ehefrau Jolanta Kwaśniewska. Die attraktive Dame half kräftig mit, die Wahl zu gewinnen. Mit der nötigen Portion Selbstbewußtsein rührte sie die Werbetrommeln für ihren Mann, pries seine Aufrichtigkeit, seine Zuverlässigkeit und seine Dynamik. Ansätze von Zweifel an ihrem »Supermann« sind nicht erlaubt, werden im Keim erstickt.

Einen Kuß gibt der zukünftige Präsident Polens, Aleksander Kwaśniewski, seiner Frau Jolanta, nachdem er bei der Stichwahl am 19. November 1995 seine Stimme abgegeben hat.

Ihr attraktives Aussehen und ihre perfekten Manieren imponieren. Die 44jährige Danzigerin (geborene Konty) spricht fließend Englisch und Russisch, unterhält sich in Moskau angeregt mit dem stets grimmig dreinschauenden Kommunistenführer Gennadij Sjuganow, ringt sogar ihm ein breites Lachen ab, während ihrem Mann vor Müdigkeit fast die Augen zufallen.[4] Die unverkrampfte Art der First Lady kommt an, wirkt offen und unideologisch. Wenn die sportlich durchtrainierte Frau mit schwungvoll wippenden Haaren und festem Schritt vor ein Mikrofon tritt, um eine Rede zu halten, lächelt sie lieb und verbreitet mit nur wenigen Sätzen sofort ein Zusammengehörigkeitsgefühl. Männer lauschen artig, nicken zustimmend, klatschen Beifall. Ihr gehört die Szene. Jolanta Kwaśniewska ist emanzipiert, ohne eine Emanze zu sein, plaudert auf den Flügen mit den Journalisten, und jeder ist beeindruckt von ihrer souverän aufgeschlossenen Art. Sie ist von Kopf bis Fuß eine Sympathieträgerin, zeichnet sich durch ein phänomenales Namensgedächtnis aus und genießt sichtlich den Rummel. Alles was sie sagt, unterstreicht sie gleichzeitig durch Gebärden, Gesten, die immer ein bißchen übertrieben, unkontrolliert wirken. Jede Gefühlsregung läßt sich unmittelbar auf ihrem Gesicht ablesen. Sie ist ein darstellerisches Naturtalent und besteht darauf, ein durch und durch romantischer Mensch zu sein. Sie vermittelt Menschen das Gefühl, wichtig zu sein. Ihren blaugrauen Augen entgeht nichts, »ihre Aura hat etwas Magisches« (Sunday Times). Sie strahlt Freundlichkeit und Ruhe aus. Von ihr erwartet man keine Intrige. Polens First Lady erweckt zunehmend den Eindruck, man könne sich bei ihr jederzeit am Küchentisch ausheulen.

An öffentlicher Präsenz liegt Jolanta Kwaśniewska viel, an Anerkennung und Erfolg noch mehr. Darauf hat sie lange hingearbeitet. Die Mutter einer 18jährigen Tochter betont zwar immer wieder, sie wolle »nicht den geringsten Einfluß auf irgendwelche Regierungsgeschäfte ausüben«, andererseits kann sie sich aber auch nicht vorstellen, »im Schatten meines Mannes zu leben«.

Das Präsidentenpaar lebt jetzt im Namiestnikowski-Palast. Er gehört zum Palais Radziwill und wurde 1818 vom Königreich Polen als Sitz für den Statthalter des Zaren erworben. Im Zweiten Weltkrieg kaum beschädigt, dient er seit 1945 als Sitz des Ministerrats. 1955 wurde hier der Warschauer Pakt, 1970 der Vertrag über die Normalisierung der Beziehungen mit Deutschland unterzeichnet. Seit 1994 residieren die Präsidenten der Republik Polen im »Weißen Haus« von Warschau. Im Innenhof steht das Denkmal des Fürsten Józef Poniatowski, eines Generals der Napoleonischen Truppen, der 1813 in der Völkerschlacht bei Leipzig fiel.[5]

Mit den Kwaśniewskis ist ein neuer Lebensstil eingezogen. »Wir wurden vom Verwaltungsdirektor, dem Küchenpersonal und den Bediensteten nach polnischer Sitte mit Brot und Salz begrüßt«, erinnert sich Jolanta und fügt hinzu: »Als mich jemand zum ersten Mal ›Frau Präsidentin‹ nannte, drehte ich mich um und suchte, wer wohl gemeint sein könnte. Inzwischen habe ich mich an diese Anrede gewöhnt. Aber wir gehen alle ganz locker miteinander um.«[6]

Als erstes werden aus den Privatgemächern im ersten Stock das überdimensionale weiß-goldene Barockbett des abgedankten Präsidenten, sein Muschel-Waschbecken und Muschel-Bidet entfernt. Ersetzt wird der pompöse Schnickschnack durch schlichte, funktionale Ausstattungen, die mehr einem Bade- und Schlafzimmer entsprechen. In die Arbeitsgemächer ist der Geist der Teamarbeit eingezogen. Wałęsas Berater hatten ihren Chef unter Umständen gerade zweimal im Jahr gesehen. Kwaśniewski hingegen trifft sich regelmäßig am Montagmorgen um neun Uhr mit dem Regierungschef, eine halbe Stunde später mit den Ministern für Äußeres, Inneres und Verteidigung. Regelmäßig zu Beginn jeder Woche tauscht er sich mit seinen Beratern aus. »Er ist sehr fleißig, diszipliniert, respektiert die Meinungen seiner Mitarbeiter und bedankt sich für ihre Arbeit – was sie bei ihren einstigen Parteiführern nie erlebt haben«, lobt ihn Barbara Labuda, einst Mitglied der »Freiheitsunion« des früheren Ministerpräsidenten Tadeusz Mazowiecki, heute Unterstaatssekretärin in der Präsidentenkanzlei.[7]

Das Präsidentenpaar profitiert von seiner zunehmenden Popularität. Ob ästhetisches Empfinden, eigene Spießigkeit oder schlichter Neid: Viele Polen kamen lange Zeit nicht zurecht mit dem Typus der selbstbewußten Frau. In der Vergangenheit traten die First Ladies kaum in Erscheinung, höchstens bei Staatsbesuchen als eher dezente Dekoration am Rande – graumäusig und bieder. Und vor allem in gebührendem Abstand. Er darf winken, sie umklammert ängstlich ihr Täschchen. Letztes Beispiel: Danuta Wałęsa, die Ehefrau des schnauzbärtigen Arbeiterführers Lech Wałęsa, der fünf Jahre lang das Land regierte. Insider behaupten, sie hätte das Warschauer »Weiße Haus« in dieser Zeit kein dutzendmal betreten. Die First Lady Anfang der neunziger Jahre mied den Präsidentschaftspalast so oft es ging und blieb lieber bei ihren damals sechs – inzwischen acht – Kindern in Danzig. Einzige Ausnahme: die Reise nach Rom zum Papst. Die Familie ist ihr wichtiger. Während er den Großfürsten der Politik die Hand schüttelt und verschmitzt in die Kamera der Weltpresse blinzelt, steht sie in der Schlange vor dem Lebensmittelgeschäft und läßt den letzten Nachbarschaftsklatsch über sich ergehen. Für die strenggläubige Katholikin sind Kinder ein Segen Gottes.

Ihre Erziehung hat immer Priorität, ihnen soll es an nichts mangeln. Mit Politik hat die frühere Blumenbinderin wenig am Hut, und das erzählt sie jedem, der sie danach fragt: »Die Politik interessiert mich überhaupt nicht. Ich bin der Meinung, daß auch mein Mann sich für die Politik nicht eignet. Die Politik ist für rücksichtslose Menschen, und er paßt nicht zu diesem Kreis.« Die Berühmtheit ihres Mannes nahm Danuta Wałęsa mit gemischten Gefühlen auf: »Ich werde zwar darum beneidet, daß mein Mann jetzt Präsident ist, aber so angenehm ist das Leben an seiner Seite nicht. Den Kindern fehlt einfach der Vater. Wie soll ich sie in diesem Irrenhaus erziehen?«[8] Und die zierliche, temperamentvolle Frau, die ihre »Rasselbande« mit Zucht und Ordnung diszipliniert, fügt hinzu: »Ich bin eine ordentliche Mutter und werde alle Kraft darauf verwenden, daß meine Kinder etwas Anständiges lernen und es ihnen im Leben einmal gut geht. Dafür bin ich geboren!«[9]

Kurz vor der Jahrtausendwende ist jetzt alles ganz anders. Mit Jolanta Kwaśniewska hat Polen eine moderne Powerfrau in der Chefetage. Sie fürchtet das Rampenlicht nicht, versteht es geschickt, mit den Medien zu spielen und sie für ihre Interessen einzusetzen. Jolanta ist mit ihren schwarzen Haaren und den hohen Wangenknochen der Prototyp einer slawischen Schönheit. Die Zeitschrift »Twoj Styl« kürte sie im letzten Jahr zur »Frau des Jahres«. Die Auszeichnung, die Brosche »Goldener Lorbeer«, wird ihr im Warschauer Ostroga-Schloß überreicht. Den großen Blumenstrauß – sechzehn gelbe Gerbera und ebenso viele weiße Rosen – erhält die Preisträgerin von ihrem Mann, der sie zu den Feierlichkeiten begleitet. Damit nicht genug: Jolanta Kwaśniewska wird auch noch zur »hübschesten First Lady Europas« gewählt. Platz zwei belegt Sonja Klima aus Österreich und Platz drei Alma

Adamkus aus Litauen. Zu diesem Ergebnis kommen durch eine Meinungsumfrage so renommierte Zeitungen wie »Le Monde«, »Frankfurter Allgemeine Zeitung«, »El País«, »The Times« und der »Internationale Journalistenverband«. Gerührt, den Tränen nahe, nimmt Jolanta diese Ehrung entgegen und flachst in das Blitzlichtgewitter der Fotografen: »Sie sollten mich mal morgens um sieben in meinem Badezimmer sehen. Selbst mein Spiegel ist beleidigt, wenn er mich anschauen muß.« Sie sorgt mit viel Raffinesse für gute Publicity und lenkt mit noch mehr Nachdruck die Öffentlichkeitsarbeit für sich und ihren Mann.

Mit Erfolg! 72 Prozent seiner Landsleute geben Aleksander Kwaśniewski gute Noten für sein professionelles Auftreten im In- und Ausland. Für die Polen ist das Ansehen der Nation in der Welt eine Kardinalfrage. Soziologen haben herausgefunden, daß einer der Gründe für die Wahlniederlage von Kwaśniewskis hemdsärmeligem Vorgänger Lech Wałęsa die weit verbreitete Auffassung war, der ehemalige Werft-Elektriker und »Solidarność«-Führer habe sein Land nicht angemessen repräsentiert, sei mit bizarren Aussprüchen und skurrilem Verhalten immer wieder angeeckt. »Das ist gar nicht gut«, wußte schon vor Jahren der polnische Regisseur Andrzej Wajda (»Der Mann aus Eisen«). »So kann unser Land nicht glänzen.«

Der Arztsohn aus Białograd (Pommern) dagegen tritt als moderner Präsident auf. Kwaśniewski bemüht sich, nirgendwo anzuecken, hinterläßt keine verbrannte Erde. Er ist ein weltgewandter Mann, der die Gesellschaft liebt, der gern einen Schluck Whisky oder Cognac trinkt und auf dem Tennisplatz genauso zu Hause ist wie auf großen Empfängen. Er ist ein Mann, der den Polit-Stil à la Amerika pflegt: »Frage nicht, was Polen für dich tun kann – frage, was du für Polen tun kannst«, propagiert er im Wahlkampf in Abwandlung der Worte von John F. Kennedy. Das Staatsoberhaupt spricht fließend Englisch, Deutsch und Russisch, kleidet sich modisch elegant und ist Stammgast auf der Sonnenbank. Ebenso elegant und sonnengebräunt ist auch seine Ehefrau Jolanta.

Kwaśniewski, dessen Mutter bereits vor Jahren starb, gibt sich gern als Kumpel »Olek«. Mit der Koseform seines Vornamens wird er auch von seinen früheren Parteigenossen im Linksbündnis angeredet. Wie sein amerikanisches Vorbild John F. Kennedy und dessen Enkel Bill Clinton setzt er dabei auf Körperkontakt: Er legt schon mal die Hand auf den Unterarm seines Gegenübers, streicht ihm flüchtig über den Rücken oder nimmt ihn ganz beiläufig kurz in den Arm. Rituale mit wenig Aussagekraft, aber immenser Medienwirksamkeit.

Kwaśniewski ist ein Erfolgsmensch, ein Aufsteiger, ein typischer Vertreter der neuen Polit-Generation in Europa. Ein Star wie aus einer US-Seifenoper: jung, modebewußt, eloquent, schlagfertig. Er redet nicht um den heißen Brei herum, er redet Klartext, auch wenn es weh tut. Der Präsident hat heute mehr Anhänger als zum Zeitpunkt seiner Wahl, ist inzwischen beliebter, als sein Vorgänger es je war. Und er kann mit außenpolitischen Erfolgen aufwarten. Seine Umgangsformen kommen an. Die Staatsoberhäupter in Bonn, Paris, Brüssel, London, Washington zeigen sich angenehm überrascht von dem umgänglichen, modernen Politiker aus dem Osten, der sich so unangestrengt westlicher Sprachen bedient und sich wie einer der ihren auf dem Politparkett bewegt. Seine Landsleute nehmen dankbar zur Kenntnis, daß er, obwohl Post-Kommunist, auch in Moskau weder anbiederisch noch untertänig auftritt und sich gegen ein russisches Veto-Recht in polnischen Belangen verwahrt. Aleksander Kwaśniewski ist ein charismatischer Siegertyp, ein Senkrechtstarter im alten Sozialismus wie in der neuen Demokratie. Ziel des »linken Musterknaben« (Spiegel): »Wir wollen spätestens im Jahr 2002 der Europäischen Union beitreten.«

Ähnlich zielstrebig und überzeugend agiert die Frau an seiner Seite. Auch sie druckst nicht herum, sondern bringt Probleme ohne Umschweife auf den Punkt. Die Tochter eines Grenzschutz-Obersts aus Danzig studierte in der Hafenstadt Rechtswissenschaften und hat dieses Studium mit einem Magistertitel abgeschlossen. Während ihres Studiums war sie eine passionierte Reiterin. Nach einem tragischen Unfall, bei dem ein Freund vom Pferd fiel und starb, gab sie diesen Sport auf. Seit knapp drei Jahren hat sie die Angst überwunden. Gelegentlich gönnt sie sich einen Ausritt – allerdings immer in Begleitung.[10]

Beinahe wäre Jolanta Kwaśniewska Schauspielerin geworden. In dem Kabarett ihrer Schule sang sie und parodierte berühmte Persönlichkeiten. Sie brillierte mit ihren Sketchen so sehr, daß ihr Polnischlehrer sie animierte, die Schauspielschule zu besuchen. Doch dazu kam es nicht. Jolanta fuhr zwar nach Warschau, um die Aufnahmeprüfung zu machen, aber nach einem kurzen Einkaufsbummel hatte sie sich anders entschieden und reiste auf direktem Weg nach Danzig zurück. Später, in einer Fernsehsendung, gab sie zu, daß eine Schauspiel-Karriere sie nie wirklich gereizt hat. Trotzdem: Die in der Schule gesammelten Erfahrungen zahlen sich heute aus. Als First Lady gibt sie auf dem blanken Parkett der Politik eine gute Figur ab.

Ihr Mann, ebenfalls aus Danzig, studierte Verkehrswirtschaft und Außenhandel und hat seine Hochschulzeit, im Gegensatz zu den Behauptungen im offiziellen Lebenslauf, ohne Titel beendet. In der letzten Phase des Wahlkampfs mußte er diese Angabe kleinlaut revidieren. Jolanta: »Ich war zu Studienzeiten von Politik fasziniert, war Studentensprecherin der rechts- und staatswissenschaftlichen Fakultät. Aber als ich Olek kennen- und lieben lernte, entschied ich: Nie mehr Politik. Ein Politiker in der Familie reicht. Ich denke, daß ich ebenso stark bin wie mein Mann, das wäre nicht gut. Das würde zu unnötigen Reibereien führen, und das will ich nicht. Dazu ist mir meine Ehe zu wichtig.« Seit November 1979 sind die beiden verheiratet, und sie geben offen zu, diesen Schritt noch nicht einen Tag bereut zu haben. Noch immer machen sie sich Komplimente, noch immer sagen sie einander: »Ich liebe dich.«

In puncto Geschäftstüchtigkeit kann das Staatsoberhaupt seiner Frau nicht das Wasser reichen. Sie kümmert sich nicht nur um das gepflegte Äußere ihres Mannes und sucht seine dunklen Zweireiher-Anzüge und die seidenen (Pierre Cardin-) Krawatten aus, sondern trifft auch alle wirtschaftlichen Entscheidungen im Haus. Sie hat den Mazda 323 gekauft, den das Ehepaar bis zum Wahlsieg fuhr, und auch die beiden Grundstücke, welche die Kwaśniewskis ihr eigen nennen. Sie renovierte eigenhändig die 75 Quadratmeter große Drei-Zimmer-Wohnung mit Ikea-Küche in Warschau-Wilanów, die das Ehepaar plus Hund Saba vor dem Wahlsieg im Dezember 1995 bewohnte. Sie würde es nie zugeben, aber sie ist der Chef im Haus. Sie legt die Marschroute fest. Sie hält alle Fäden fest in der Hand. Streit gibt es kaum, beide sind, wie sie behaupten, äußerst harmoniebedürftig. Er über sie: »Ich liebe Jolanta, weil sie eine moderne, starke Frau ist, immer weiß, was sie will und was sie nicht will. Ihre Zärtlichkeit wird nur noch von ihrer Zähigkeit überboten.« Sie über ihn: »Mein Mann besitzt großes Charisma, findet leicht Kontakt und steht immer im Mittelpunkt. Das gefällt mir. Ich liebe Männer, die sich durchsetzen können, Männer von Welt halt.«[11]

Mit ihrem ausgeprägten Geschäftssinn brachte Jolanta ihren Mann im Wahlkampf allerdings arg in die Bredouille. Zeitungen deckten damals auf, daß die clevere Politikergattin ein Aktienpaket der Versicherungsfirma »Polisa« besaß – was der Präsidentschaftskandidat in seiner Vermögenserklärung aber verschwiegen hatte. Er könne sich nicht an den Vorgang erinnern, sagte Aleksander Kwaśniewski zunächst. Später meinte er: »Ich habe nicht gewußt, daß auch Vermögensanteile der Ehepartner angabepflichtig sind.« Zusätzliche Brisanz erhielt die Affäre um die nicht gemeldeten Aktien durch die Tatsache, daß auch die Frau des damaligen Ministerpräsidenten Józef Oleksy und andere prominente Sozialdemokraten große Anteile an der »Polisa« besaßen. Die Firma gehört zum »roten Spinnennetz«, das die polnischen Ex-Kommunisten nach Ansicht der Opposition in weiten Teilen der Wirtschaft des Landes gesponnen hatten, um sich Macht und Einfluß zu sichern.

Jolanta Kwaśniewska begegnete den Vorwürfen mit der Erklärung, sie habe die Aktien »auf eigenes Risiko und mit eigenem Geld« gekauft; im übrigen seien Frauen von Politikern wirtschaft-

Die polnische First Lady bei einem Treffen mit Michael Jackson im Präsidentenpalast am 28. Mai 1997

liche Aktivitäten ja wohl nicht verboten. Sein Kommentar: »Ich sehe keinen Grund, warum man in einem freien Land keine Geschäfte machen darf.«[12]

Das Geschäft war immer ihre Domäne. Nach einem erfolglosen Versuch, bei Gericht unterzukommen, startete sie ihre Karriere zuerst in einem polnisch-schwedischen Joint-venture. Schon 1991 gründete sie ihre eigene Maklerfirma mit dem hochtrabenden Namen »Royal Wilanów«, »in einem kleinen Mietzimmer mit geborgten Möbeln«, erinnert sich Jolanta Kwaśniewska. Eine Goldgrube, mit der sie bald mehr verdiente als ihr Mann in der Politik, wie sie heute noch gern betont.

Obwohl während der Studentenzeit noch fasziniert von den gesellschaftlichen Strukturen, entwickelt sie ein zunehmend distanziertes Verhältnis zur Politik. Sie war, im Gegensatz zu ihrem Mann, nie in der Kommunistischen Partei und trat auch nach dem

Zusammenbruch der KP nicht den »gewendeten« Sozialdemokraten bei. In Fragen der Wirtschaft denkt sie liberaler als ihr Mann, und darüber gibt es nach ihren Worten auch immer wieder ein bißchen Streit zu Hause. »Viele ökonomische Entscheidungen der Regierung ärgern mich«, sagt Jolanta. »Das polnische Steuersystem ist undurchschaubar, die Steuern sind zu hoch, da muß etwas geschehen.«

Die Polin ist eine Frau der klaren Worte. Sie läßt sich die Butter nicht vom Brot nehmen. Was in vielen anderen europäischen Ländern bis heute noch undenkbar ist, die First Lady Polens gibt Interviews ohne vorherige Absprache mit dem Präsidenten. Die beiden vertrauen einander blind und ergänzen sich perfekt.

Zu den Themen Papst und Kirche, Gewalt, Emanzipation und Zukunft unterhielt sich Jolanta im letzten Jahr mit der Moderatorin des ZDF-Frauenmagazins »Mona Lisa« Petra Gerster.

Frau Kwaśniewska, Sie werden die ›Hillary Clinton des Ostens‹ genannt, und es gibt tatsächlich erstaunliche Parallelen zwischen Ihnen, beide sind Sie Anwältinnen, haben eine halbwüchsige Tochter, und Sie waren bis vor kurzem sehr erfolgreich als Immobilienmaklerin tätig. Was bedeutet Ihnen die Rolle der First Lady?

Es gibt tatsächlich sehr deutliche Ähnlichkeiten zwischen mir und Frau Clinton. Ich werde aber sicher nicht so handeln wie sie. Ich werde immer zwei Schritte hinter meinem Mann stehen, denn weder Polen noch ein anderes osteuropäisches Land ist auf die aktive Rolle einer Präsidentenfrau vorbereitet. Übrigens haben Umfragen über Frau Clinton in den Vereinigten Staaten gezeigt, erst als sie sich ein bißchen aus der ersten Linie zurückzog und sich der sozialen Tätigkeit widmete, stieg ihre Popularität plötzlich. Als mein Mann zum Präsidenten gewählt wurde, erfuhr ich durch Meinungsumfragen, daß die polnische Gesellschaft von der Präsidentenfrau vor allem soziales Engagement erwartet, und deshalb beschloß ich, mich um behinderte Kinder zu kümmern.

Sind Sie nicht auch ein politischer Mensch? Juckt es Sie nicht in den Fingern, reizt es Sie nicht, so nahe an der Macht selbst Einfluß zu nehmen?

Für mich ist das keine Versuchung, nicht im geringsten, denn ich glaube, ich habe die Aufgabe, mich in humanitären Bereichen zu bewähren. Glauben Sie mir, daß manchmal die vorhandenen 24 Stunden zu wenig sind, um mich mit all diesen Dingen zu beschäftigen. Ich fahre sehr viel durchs Land und treffe mich mit allen, die von mir Hilfe erwarten, und ich habe meine eigene Stiftung gegründet, um Mittel für die am meisten Not Leidenden zu sammeln.

Im Wahlkampf hat Ihr Mann mehr Frauen in die Politik gefordert. Was ist daraus geworden?

Ich stehe voll auf der Seite aller Frauen. Ich möchte, daß so viele Frauen wie möglich in die Politik gehen. Wir haben die nächsten Wahlen vor uns, und deshalb nehme ich oft an Treffen mit Frauen teil, ich versuche sie davon zu überzeugen, daß sie in die große Politik gehen sollen. Ich glaube, Frauen haben viel mehr Sensibilität als Männer, und in vielen Fällen können Frauen rationalere Entscheidungen treffen als Männer.

Wir haben gesehen, daß Frauen oft zu Niedriglöhnen arbeiten, aber für die Gewerkschaft offenbar kein Thema sind. Gleicher Lohn für gleiche Arbeit. Steht das nicht auch in Ihrem Regierungsprogramm?

Es ist nicht nur ein Slogan. Laut unserer Verfassung hat die Frau absolut die gleichen Rechte wie der Mann. Aber es ist manchmal so, wie Sie sagen. Es gibt Betriebe, besonders in Regionen mit hoher Arbeitslosigkeit, wo der Arbeitgeber ganz genau weiß, daß er für den Lohn eines Mannes zwei Frauen beschäftigen kann. Das ist leider so. Ich bin absolut dagegen, die Frauen auf diese Weise auszunutzen. Um das zu ändern, muß noch viel getan werden.

Täuscht der Eindruck, daß sich Polen in Sachen Frauenemanzipation zur Zeit eher rückwärts entwickelt?

Polen ist ein tief katholisches Land, und die Kirche spielt hier eine besondere Rolle. Ich habe den Eindruck, daß der letzte

Papstbesuch sehr wichtig für uns war. Aber die Kirchenlehre in Fragen der Familienplanung ruft natürlich starke Emotionen hervor. Wenn die Kirche der Sexualerziehung der Jugend in Schulen nicht zustimmt und den Gebrauch von Kondomen verbietet und andererseits in dramatischen Fällen die Abtreibung nicht zuläßt, dann muß es vor allem in Großstädten viele Leute nachdenklich machen und bei sehr vielen auf Widerstand stoßen.

Aber es scheint für die Frauen hier doch noch besonders schwierig zu sein, Beruf und Familie zu vereinbaren?

Das ist wohl eine allgemeine Tendenz in der Welt. Immer mehr Frauen wollen berufstätig sein und Erfolg haben. Und dann wird die Erziehung zur Belastung, und diese Pflicht lastet auf Polen – doch hauptsächlich auf den Frauen. Sicher sind die Rollen, was die Gleichberechtigung betrifft, in Polen noch nicht sinnvoll verteilt. Die größten Sorgen aber bereitet mir die Tatsache, daß wir es in Polen mit einer riesigen Welle von Gewalt unter den Jugendlichen zu tun haben. Ich habe den Eindruck, daß die Ursache dafür in den Familien zu suchen ist. Bei Gesprächen mit Jugendlichen, die wir in den Präsidentenpalast eingeladen haben, wurde das ganz deutlich. Wir fragten sie, woher ihrer Meinung nach die Gewalt kommt. Viele von diesen jungen Menschen sagten uns, daß sie mit ihren Eltern nicht über die Dinge sprechen, die sie wirklich beschäftigen. Sie sagten zum Beispiel, daß die Mutter, die zwei Arbeitsstellen hat, die versucht, mehr Geld zu verdienen, keine Zeit mehr für Gespräche mit ihren Kindern hat. Für mich wäre es zum Beispiel undenkbar, keine Zeit für meine Tochter zu haben. Sie ist für mich das Wichtigste in der Welt. Sie muß mir sagen, was sie den ganzen Tag lang gemacht hat, was in der Schule los ist. Und ich sage immer zu meiner Tochter, sie soll wissen, daß ich für sie immer die beste Freundin sein werde, auch wenn die schlimmsten Sachen kommen sollten.

Letzte Frage. Wie sehen Ihre persönlichen politischen Prioritäten aus? Wie sieht Ihr Wunschpolen in ungefähr 20 Jahren aus?

Ich möchte, daß es nicht erst in 20 Jahren kommt, sondern so schnell wie möglich. Ich glaube, daß irgendwann der Moment kommt, daß sich die Klugen mit den Klugen zusammenschließen werden gegen die Dummen. Ich bin fest davon überzeugt, daß nur der gemeinsame Wille zur Lösung der grenzübergreifenden Probleme uns zu einem vereinten Europa führen und daß es uns in diesem gemeinsamen Europa gelingen wird, eine wichtige Rolle zu spielen, was ich mir und unserem Land von ganzem Herzen wünsche.

Geheimniskrämerei gibt es bei den Kwaśniewskis nicht – auch nicht, was das Privatleben anbelangt. Dank der First Lady ist die Nation inzwischen bestens mit dem Familienleben des Präsidenten-Ehepaares vertraut. Jeder Interessierte kann in der Presse nachlesen, daß »Olek« für Frau und Tochter Aleksandra, genannt »Olenka«, erst das Frühstück zubereitet und den Kaffee aufbrüht, bevor er sich zum Tennisspiel begibt und mindestens 30 Minuten lang den Schläger schwingt. Jeder weiß, daß Jolanta gerade mal fünfundfünfzig Kilo wiegt, weil sie sich mit kleinen Portionen begnügt und am liebsten stilles Mineralwasser trinkt, während Aleksander des öfteren hungert, weil er schon von Wasser und Luft zunimmt. Jeder weiß, daß er seine Socken überall herumliegen läßt, seine Anzugjacke nie auf den Bügel hängt und die Zimmertüren immer weit offen stehen läßt. Selbst daß die Präsidentengattin eine Schwäche für Schuhe und Parfums hat (»Chanel No. 5 erinnert mich an meine Mama und meine Jugend«), ist kein Geheimnis mehr.

Und dank der Mitteilungsfreudigkeit der First Lady weiß die Bevölkerung inzwischen auch, daß die Kwaśniewskis ein Sommerhaus in der Nähe von Warschau haben. Sie hat es durchgesetzt, daß das Wochenende, wenn irgend möglich, tabu ist. Es ist ihr »kleines Paradies«. Dort gibt es kein Telefon, kein Handy und keine Bodyguards. Die Familie, die meistens bis elf Uhr schläft, kleidet sich in der Freizeit im legeren Schlabberlook. Sie trägt am liebsten Jeans und T-Shirt, er Cordhosen und bunte, karierte Hemden. Er liest gern Historienromane und Biographien. Sie bevorzugt internationale Mode-Zeitschriften. Das Trio fährt viel Rad, grillt, so oft es das Wetter zuläßt, und hört viel Musik. Jolanta: »Aleksander und ich, wir haben einen fast identischen Geschmack, mögen am liebsten Popmusik wie Simply Red, Eric Clapton, Sting, Nat King Cole, aber gelegentlich auch Klassik: von Bach über Mozart bis hin zu Chopin. Und Olenka, die offensichtlich von ihrer Mutter das Talent für Theater und Schauspiel geerbt hat, hört am liebsten New Age, Nirvana oder Cock Robin.«[13]

Selbst eine detaillierte Schilderung, wie die Familie das Weihnachtsfest feiert, fehlt nicht. Wegen der Atmosphäre von Liebe, Nähe und Freude ist es Jolantas liebstes Fest. Ihre offiziellen Pflichten und Aufgaben schiebt sie dann völlig zur Seite. Diese Stunden gehören ganz der Familie. »Wir haben wenig Zeit zusammen, deshalb ziehen wir es vor, die Festtage gemütlich zu Hause zu verbringen, mit so vielen Familienmitgliedern wie nur möglich.« Bis zu 14 Personen sitzen dann am festlich gedeckten Tisch im Präsidentenpalast, darunter selbstverständlich auch die Eltern des Paares. Traditionell gibt es 13 polnische Weihnachtsgerichte, unter anderem: mit Pilzen und Sauerkraut gefüllte Teigtaschen, Knödel in Rote-Bete-Suppe und kleine süße Kuchen. Wenigstens ein riesiger Weihnachtsbaum wird leuchten. »Ich liebe den Geruch von Tannennadeln und Kerzenwachs«, betont die Präsidentengattin. Die ganze Familie singt dann Weihnachtslieder, und Olenka spielt dazu auf der Flöte oder Orgel.[14]

Trotz dieser Idylle und Harmonie, unter der Woche ist Jolanta Kwaśniewska eine hart arbeitende Frau. Ihr Arbeitstag füllt nicht selten 14 Stunden. Die meiste Zeit nehmen ihre sozialen Aktivitäten in Anspruch. Sie gründete die Organisation und Stiftung »Verständigung ohne Grenzen«. Den Titel »Königin der polnischen Herzen« hat sie durch ihr intensives Engagement für Waisenkinder erhalten. Sie kämpft dafür, daß diese Kinder nicht mehr in staatlichen Waisenhäusern leben müssen, sondern Ersatzfamilien für sie gefunden werden.

Sie kümmert sich auch um das Thema Brustkrebs, hält regelmäßig Vorträge, auch außerhalb Warschaus. Die First Lady will erreichen, daß mehr Frauen zur Vorsorgeuntersuchung gehen.

»Brustkrebs ist bei Frauen, die an bösartigen Tumoren sterben, die häufigste Todesursache. Jährlich werden in Polen 8 000 Neuerkrankungen an Krebs und 5 000 Todesfälle registriert. Nur 20 Prozent der Krebserkrankungen werden im Frühstadium erkannt.«[15]

Weiter liegen der früheren Juristin und Immobilienmaklerin die Behinderten sehr am Herzen, wie bereits in dem Interview erwähnt. Sie unterstützt finanziell Initiativen, die dafür sorgen, daß öffentliche Gebäude behindertenfreundlicher umgebaut werden. Und sie prämiert Einrichtungen, die diesem Wunsch nachkommen. Im letzten Jahr wurde das Nationalmuseum in Warschau mit dem »Schmetterling« ausgezeichnet. Die Verantwortlichen des Gebäudes hatten drei Aufzüge neu installiert, in denen die Knöpfe so niedrig angebracht sind, daß Rollstuhlfahrer sie erreichen können. Außerdem wurden die Knöpfe mit Zeichen in Blindenschrift versehen und sieben Toiletten behindertengerecht umgebaut. Jolanta Kwaśniewska: »Wir dürfen Behinderte nicht länger aussperren, müssen sie in unser Leben integrieren und dafür Sorge tragen, daß behinderten Kindern in Zukunft verbesserte Bildungs- und Berufschancen geboten werden.« Als sie ein Pferd geschenkt bekommt, gibt sie es gleich weiter an eine Behindertenorganisation zur »Hippotherapie«. Bei dieser Form von Bewegungstherapie lernen Behinderte, sich auf Pferderücken zu entspannen und ihre Bewegungen zu koordinieren. Selbstverständlich übernahm sie 1997 auch die Schirmherrschaft für die nationale Vorentscheidung zu den »3. Paraolympics für behinderte Kinder und Jugendliche«. Zugelassen waren Teilnehmer im Alter von sieben bis 30 Jahren.

So viel Engagement trägt Früchte. Im Sommer 1997 wurde die Präsidentengattin zur Ehrenvorsitzenden des polnischen UNICEF-Komitees ernannt: »Alles, was mit der Fürsorge für Kinder zu tun hat, liegt mir am Herzen. Mein ganzes gegenwärtiges Leben ordne ich einzig und allein diesen Dingen unter. Es ist mir eine Ehre, dieser Organisation mit Rat und Tat zur Seite zu stehen.« Und vor ein paar Monaten bat UNO-Generalsekretär Kofi Annan die First Lady, in einem Komitee mitzuarbeiten, das sich intensiv dem Kampf gegen die Drogensucht widmet. »Darum muß man mich nicht bitten. Es ist für mich eine Selbstverständlichkeit, da mitzuhelfen.« Zu dem Komitee gehören unter anderen die Könige von Schweden und Belgien.[16]

Anerkennung allerorten, nur ein Thema löst in ihrer Heimat immer wieder hitzige Debatten aus. Stichwort: Mode. Über Wochen sorgt die First Lady für Schlagzeilen, als sie zusammen mit ihrem Ehemann im Juli 1996 die Clintons in Warschau empfängt. Bei der Begegnung der beiden Damen starrt ganz Polen via Fernsehen gebannt auf die Beine von Hillary und der Gastgeberin. Und es ist nicht zu übersehen: Die Polin trägt deutlich kürzere Röcke als die Amerikanerin, meldet das Wochenblatt »Wprost« aufgeregt. Daß Frau Kwaśniewska sogar beim gemeinsamen Besuch von Auschwitz nicht auf ihren Minirock verzichtet, erscheint vielen Polen, besorgt um das internationale Ansehen des Landes, »alles andere als eine glückliche Wahl« (Wprost).

Die Entrüstung über die modischen Eskapaden ihrer First Lady hält schon länger an: Neben der züchtig wadenlang bedeckten Queen Elizabeth II. taucht Jolanta Kwaśniewska ebenfalls in Minirock und hochhackigen Silberschuhen auf: Zum Staatsempfang am Abend erscheint sie in der pompösen Robe eines polnischen Couturiers mit tiefem Dekolleté und kunstvoll drapiertem gold-violettem Oberteil, wie zum Wiener Opernball. Außerdem vergißt die First Lady den Anstandsknicks vor der Queen. Mit entwaffnender Schlichtheit gesteht sie später, daß ihr vor Aufregung die Knie steif geworden seien.[17] Die Stylistin der polnischen Ausgabe von »Elle«, Basia Czartoryska, findet den Auftritt der First Lady gar nicht lustig: »Sie kleidet sich viel zu auffällig, zu grell und kitschig. Ihr Geschmack ist provinziell. Typisch für die polnischen Neureichen.« Die junge Modeexpertin aus dem polnischen Hochadel vergleicht die »aufdringliche Erscheinung der neuen First Lady« mit der »vornehmen Zurückhaltung ihrer Vorgängerin Danuta Wałęsa«. Das junge Präsidentenpaar bietet in seinem ganzen Äußeren nichts als »Nachahmung amerikanischen Stils«, meint Basia Czartoryska.

Die Kontroverse, genüßlich in den Medien ausgewalzt, dringt bis nach Washington. »Ist das die umstrittene Länge?« fragt die Frau des amerikanischen Präsidenten die Frau des polnischen Präsidenten bei der ersten Begegnung mit Blick auf das freie Knie und rät der »Kollegin«: »Ignoriere den Rummel einfach. Wichtig ist, was du für richtig hältst. Kleide dich so, wie du dich am besten fühlst!« (So jedenfalls berichtet Jolanta.)

Jolanta Kwaśniewska hat prominente Vorbilder. Sie heißen Raissa Gorbatschowa, Danielle Mitterand und Jackie Kennedy. Das Trio hat alle Höhen und Tiefen erlebt, ist durch zahlreiche Wechselbäder der Gefühle gegangen. Es sind Damen, die man heute gemeinhin »Persönlichkeiten« nennt. Und die in den Geschichtsbüchern eine eigene Spalte bekommen. Auch die First Lady Polens ist auf dem besten Weg, in die Annalen einzugehen. Ein schwerer Weg. Die Neider lauern überall, und die Presse ist nicht gerade zimperlich im Umgang mit Prominenten. Bislang hat sich die Präsidentengattin in der Öffentlichkeit gut behauptet. Ihre Akzeptanz und ihr Ansehen sind eher gestiegen. Die »New York Times« schrieb vor ein paar Wochen: »Polens neue Politiker-Elite bringt viel Schwung ins Geschäft und hat mit Jolanta Kwaśniewska eine würdige Vertreterin ihrer Generation.« Und das US-Magazin »Newsweek« kommt zu der Erkenntnis: »Jolanta ist die Art von Frau, wie wir uns unsere Töchter vorstellen.« Und fügt hinzu: »Die Zeit der rundlichen, gemütlichen Mamutschkas scheint endgültig vorbei.«

Jolanta Kwaśniewska läßt nichts unversucht, um das Ansehen der polnischen Frauen in einem besseren Licht erscheinen zu lassen. Sie erntet dafür im Ausland viel Anerkennung, und auch im Inland sind die jungen Frauen inzwischen wesentlich modebewußter als noch vor fünf Jahren. Ein schweres Unterfangen, und gelegentlich gibt es Momente, in denen ihr alles ein bißchen über den Kopf wächst. Zu viel Präsenz – wie zum Beispiel auf Plakatwänden, in den Printmedien oder auf dem Bildschirm –, das geht an die Substanz. Doch das würde die beliebte Präsidentengattin öffentlich niemals zugeben. Sie hilft sich mit einem kleinen Trick über solche Situationen: Die First Lady Polens genehmigt sich ab und zu eine Pause vom Palastleben, vom Streß, überall erkannt zu werden, und von aufdringlichen »Das-ist-doch-Blicken«, die sie durchbohren. »Wenn ich Freiheit brauche, nehme ich mir einfach eine Perücke, eine gute Sonnenbrille, trage ein normales T-Shirt und Hosen. So gehe ich im Zentrum bummeln. Dann fühle ich mich wirklich frei.«

Anmerkungen

1 »Die Welt« vom 17. Februar 1998
2 »Munzinger«-Archiv
3 »Süddeutsche Zeitung« vom 20. Dezember 1996
4 »Frankfurter Rundschau« vom 3. November 1995
5 »Dumont« Reisetaschenbuch »Warschau«
6 »Gala« vom 20. März 1997
7 »FAZ- Magazin« vom 13. Dezember 1996
8 »Rheinischer Merkur« vom 30. Dezember 1983
9 »Frau im Spiegel« vom 13. August 1989
10 »PAP«- Agentur vom 19. Dezember 1998
11 »Spiegel« vom 22. Juli 1996
12 »Süddeutsche Zeitung« vom 30. Oktober 1995
13 »New York Times« vom 17. Oktober 1997
14 »Voice-News« vom 22. Dezember 1996
15 »PAP«- Agentur vom 30. November 1998
16 »PAP«-Agentur vom 1. August 1998
17 »Berliner Zeitung« vom 14. September 1996

Spanien

Ana Botella-Aznar, intelligente und temperamentvolle Ehefrau des spanischen Premierministers

Unterschiedlicher können die Charaktere zweier Menschen kaum sein: Ana Botella besticht durch ihre Lebensfreude, ihren Charme und ihre Umgänglichkeit. José María Aznar hingegen wirkt steif, kalt und unnahbar. Trotzdem verstehen sich die beiden blendend. Der stets korrekt gescheitelte Politiker mit dem Schnauzbart und die unkomplizierte Beamtin mit dem Hang zum Chaos – ein Paar wie Feuer und Eis. Die First Lady Spaniens ist seit vielen Jahren die beste Beraterin ihres Mannes, hat Niederlagen wie Siege mit ihm geteilt. Sein politischer Erfolg ist auch ihr Erfolg. Die Mutter von drei Kindern aber stellt klar: »Meine hart erarbeitete Unabhängigkeit lasse ich mir nicht mehr nehmen.« Ana Botellas humanitäres Engagement findet Anklang im ganzen Land. Selbst König Juan Carlos bedankte sich für ihre Einsatzbereitschaft.

Ana Botella-Aznar

»España va bien [Spanien geht es gut], weil ich meine Hausaufgaben gemacht habe«, kommentierte der spanische Premierminister José María Aznar im letzten Sommer seine bisherige Amtszeit. Das nationale Ziel, die Erfüllung der Euro-Kriterien, wurde mit Bravour erreicht, und das Wirtschaftswachstum mit 3,8 Prozent im letzten Jahr kann sich sehen lassen. Eine glänzende Bilanz. Fast die Hälfte der 40 Millionen Spanier zwischen San Sebastián im Norden und Cádiz im Süden stimmen einer Umfrage zufolge in den Refrain mit ein. 67 Prozent der unteren Gesellschaftsschicht, 58 Prozent der mittleren und 39 Prozent der oberen blicken optimistisch in die Zukunft. Jetzt überlegt der Regierungschef, die Gunst der Stunde zu nutzen und die im März 2000 fälligen Parlamentswahlen vorzuziehen.[1] Maßgeblichen Anteil an dieser positiven Entwicklung hat José María Aznars Ehefrau: Ana Botella. Das spanische Volk verehrt sie, und man ist sich einig: Sie hat der »Partido Popular« und damit ihrem Mann eine Menge Stimmen eingebracht. Sein Erfolg ist auch ihr Erfolg.

Die attraktive Dame mit den dunklen Haaren, der schlanken Figur und dem charmanten Lächeln hat das Bild der Frau in ihrer Heimat verändert. Sie verkörpert das, was man sich unter einer modernen Spanierin vorstellt: schön, temperamentvoll und gelegentlich streitbar. Die Präsidentengattin gehört zu den Mittvierzigerinnen, die Fitneß, Optimismus und Zufriedenheit ausstrahlen. Sie gehört zu der Generation, die sagt, was sie denkt. Sie gehört zu der Generation, die problemlos an der Universität studieren konnte. Und sie gehört zu der Generation, die nach Vietnam und Watergate groß wurde, die den dogmatischen Feminismus hinter sich ließ und jetzt auf eigenen Füßen steht: »Ich lebe gern in dieser Zeit, die Frauen zunehmend zu gleichberechtigten Partnern werden läßt.«

Ana Botella ist der Motor der Familie. Die Mutter von drei Kindern ist die beste Beraterin ihres Ehemannes und hat eine Menge sozialer Aufgaben übernommen. Obwohl die Präsidentengattin keine öffentlichen Ämter bekleidet, ist ihr Terminkalender randvoll. Ana Botella arbeitet mit mehreren humanitären Institutionen zusammen, deren erklärtes Ziel es ist, den schwächsten Gliedern der Gesellschaft zu helfen. Dazu gehören Behinderte, Alte, Problemkinder und jugendliche Drogenabhängige. Diese Organisationen unterstützt sie aber nicht erst, seitdem ihr Mann Regierungschef (1996) und sie die First Lady des Landes ist, sondern schon lange vorher. Seit 1991 ist sie Ehrenpräsidentin der von Padre Angel García ins Leben gerufenen Institution »Botschafter des Friedens«, die sich um behinderte, arme und aidsinfizierte Kinder kümmert. Regelmäßig konferiert sie mit den Verantwortlichen, diskutiert über aktuelle Probleme, sucht nach Lösungen und Perspektiven. Als Ana Botella allerdings die Bevölkerung aufforderte, Aids-Kranke im letzten Stadium in den eigenen vier Wänden aufzunehmen und ihnen somit das Sterben zu erleichtern, war die Empörung groß. Die Tageszeitung »El Mundo«: »So etwas kann sich nur ein krankes Hirn ausdenken.« Und das Klatschblatt »ABC« machte den Vorschlag: »Warum geht sie nicht mit gutem Beispiel voran?« Seitdem ist das Thema vom Tisch.

Weiter arbeitet Ana Botella mit der Organisation »Goldenes Telefon« (Madrid: 900 22 22 23) zusammen, tröstet dort so manches Mal vereinsamte, alte Menschen, die Zuspruch brauchen. Keiner der Anrufer weiß, daß er oder sie mit der Ehefrau des Regierungschefs spricht. Und sie ist ehrenamtliche Mitarbeiterin von »Fundación Realiza«. Die gemeinnützige Stiftung kooperiert mit 40 Werkstätten in Spanien. Dort arbeiten ehemalige Drogenabhängige, straffällig gewordene Jugendliche, ehemalige Prostituierte – kurz all jene, die durch Geburt oder ihr soziales Umfeld stigmatisiert sind, die aber durchaus arbeiten können, nur, daß sie eben niemand einstellt. Die Stiftung gibt diesen Menschen eine Chance und vertreibt ihre Erzeugnisse wie Holztabletts, Taschen, Decken,

Gürtel und Tücher in einem Geschäft in der »Calle Ayala«. Der Erlös wird auf die einzelnen Werkstätten verteilt. Die Verkäufer im Laden arbeiten ehrenamtlich, und nicht selten steht auch die Präsidentengattin im Geschäft und verkauft die Handwerksarbeiten der »Fundación Realiza«.[2]

Neben ihrem humanitären Engagement kämpft die First Lady für die soziale Gerechtigkeit im Land und die Gleichberechtigung der Geschlechter. Sie verkörpert eine »progre«, eine progressive, auf Emanzipation pochende Frau. In ihrem Wunsch nach Eigenständigkeit ist sie repräsentativ für eine Frauengeneration, die in Spanien an Einfluß gewinnt. Im Sommer 1997 hält Ana Botella eine flammende Rede im Wallfahrtsort Santiago de Compostela, in der sie die Frauen zum »Angriff« auffordert, mehr Posten als Entscheidungsträger in Politik, Wirtschaft und den Betrieben für sich zu verlangen, und schließt mit den Worten: »Das ist eine große, wichtige Herausforderung. Also, auf geht's!« Viele Zeitungen drucken den Beitrag in voller Länge ab. Inzwischen gibt es ihn auch in Buchform. Im gleichen Jahr hielt sie eine vielbeachtete Rede auf der VII. Konferenz der Frauen der Staats- und Regierungschefs in Panama (Zentralamerika), an der auch Hillary Clinton teilnahm. Zitat aus ihrem Vortrag: »Die Armut in Lateinamerika trägt ein weibliches Antlitz. Wir können so lange nicht von sozialer Gerechtigkeit sprechen, solange Frauen, wo auch immer, diskriminiert werden.« Ana Botella schreibt alle ihre Reden selbst, verzichtete auf einen Mitarbeiterstab, als sie in den Regierungspalast einzog. Sie beschäftigt lediglich eine Sekretärin und einen Staatssekretär, der für die Pressearbeit und für Protokollfragen zuständig ist. Die eingehende Post beantwortet sie selbst. Darunter sind jede Woche mindestens 20 Liebeserklärungen – nicht selten in romantischer Versform.

Nach knapp drei Jahren Amtszeit sind sich die Medien einig, daß die First Lady in vielerlei Hinsicht ein Segen für Spanien ist. Dafür gibt es viele Gründe. Ana Botella ist sehr kommunikativ und hat überhaupt keine Schwierigkeiten, mit anderen ins Gespräch zu kommen. »Sie hat Star-Appeal, aber keine Star-Allüren«, weiß die

»New York Times« zu berichten, sie strahlt Autorität aus, schreckt vor keiner Diskussion zurück, beweist Sachkenntnis und kann druckreif reden. Zu ihren Qualitäten gehört ihre Transparenz. »Einer der großen Unterschiede zwischen José und mir ist, daß man ihm kaum anmerkt, ob ihm jemand gefällt oder nicht. Mir hingegen merkt man es sofort an.«

Ana Botella ist spontan, lacht gern, kennt keine Allüren und einstudierten Posen. Den Begriff First Lady mag sie nicht, für sie ist Königin Sophia die Erste Dame des Landes. Soviel Bescheidenheit und Natürlichkeit kommt an, soviel Ehrlichkeit und Glaubwürdigkeit verblüfft.

Der Chefredakteur der Tageszeitung »ABC«, Luis María Anson, kam vor ein paar Wochen zu der Überzeugung: »Von all den guten Dingen, die Aznar besitzt, glaube ich, daß das beste Ana Botella heißt. Ein Mann, der es schafft, die Liebe einer solch intelligenten, sensiblen, humorvollen Frau zu gewinnen, hat alle Lebenswege vor sich offen, selbst die Position als einflußreicher Staatsmann.«

Er ist nicht der einzige Journalist in Spanien, der seine Bewunderung für Ana Botella so offen verkündet. Und der Programmdirektor des Senders »Cadena SER«, Inaqui Gabilondo, meint: »José María verkauft Normalität. Er ist kein Supermann und kein charismatischer Typ. Ana entspricht eher dieser Vorstellung. Ihre Stärke liegt darin, daß sie Normalität lebt. Sie kommt vom Alltags-Spanien und ist dem normalen Arbeitstag ganz nah. Doch sie ist keineswegs die Frau im Schatten des Polit-Profis. Im Gegenteil, manchmal scheint gerade sie das Licht zu sein. Vielleicht hängt das mit ihrem Charakter zusammen, der sehr stark ist.«[3]

Im Zeitraffer holen die Spanierinnen jetzt nach, was die Frauenbewegung in England, Deutschland und den USA vor knapp siebzig Jahren auf den Weg brachte. Ein Schock für manche Großmutter, das traditionelle Spitzentuch um die Schultern geschlagen, wie ihre Tochter Karriere macht und ihre Enkelin an der Uni herumflippt. Für die ist »Madonna« kein kleines Marienbild in der Handtasche, sondern eine extrovertierte Popsängerin aus Amerika. Zu Francos Zeiten waren Madrids Frauen in züchtiges Schwarz gehüllt und von Verboten umzingelt. Heute regieren sie im superkurzen Mini Finanzimperien, schreiben pornografische Romane, machen Karriere als Ministerin, als Polizeichefin oder Torero.

Sieben Jahrzehnte arabisch-islamischer Herrschaft in Südspanien, ein Jahrtausend Katholizismus und vierzig Jahre Franco-Faschismus – das blieb lange in den Köpfen hängen. »Erst 1975, im ›Internationalen Jahr der Frau‹, als Franco im Sterben lag«, sagt Francisca Canelles, erfolgreiche Rechtsanwältin, »strichen die Politiker die diskriminierende eheliche Vormundschaft.« Zwei Tage nach dem Tod Francos wird Juan Carlos Borbón de Borbón zum König gewählt. Daß die Monarchie in Spanien heute von niemandem in Frage gestellt wird, ist sein Werk. 95 von 100 Spaniern sind mit ihrem König zufrieden. Zum Vergleich: Die Königin von England kommt nur auf 55 Prozent Zustimmung.

Seit Mitte der siebziger Jahre ist viel passiert. Die Frau ist nicht mehr Mündel, sondern eine eigenständige Rechtsperson, kann nach eigenem Gusto arbeiten, eine Wohnung mieten, Verträge schließen, Vermögen besitzen, ein eigenes Konto führen, einen Reisepaß beantragen, ohne schriftliche Genehmigung ihres Ehemannes oder Vaters, der bis dahin ihr Rechtsvormund war. Bis 1977 noch drohten einer Spanierin sechs Jahre Gefängnis für Ehebruch. Die Seitensprünge des Mannes dagegen gingen straffrei aus. Bis 1982 war eine Scheidung unmöglich. Und Frauen, die allein in einem Café ihren Cappucino tranken, wurden mit »Puta, Puta« beschimpft. »Hure, Hure«, zischelten die Männer den Frauen im Vorbeigehen zu. Heilige oder Hure – auf diese zwei Extreme war das Frauenbild in Spanien festgelegt. Selbst als die Studenten Steine warfen, die Mädchen enge, lange Hosen trugen, sich heimlich die Pille besorgten und auf der Straße rauchten –, die Eltern beteten weiterhin zu Gott, verehrten Caudillo Franco, pochten auf Sitte und Moral.

Die neue Freiheit kommt in Gang. Die Frauen kommen langsam – aber gewaltig. Was während der Franco-Herrschaft des Teufels war, ist heute auf dem besten Weg zur Normalität. Isolation ist der Inspiration gewichen. Demokratie wird zum Synonym für Freiheit. Junge Frauen ziehen mit ihrem Freund – auch ohne Trauschein – in eine Wohnung ein. Früher war Keuschheit oberstes Gebot, der Verlobte durfte nur schmachtend träumen. Erst in der Hochzeitsnacht wurde die Jungfräulichkeit geopfert. Heute verlangen laut Umfrage nur noch 15 Prozent aller Heiratskandidaten diesen Beweis der Liebe. Sexualkunde ist fester Bestandteil in fast allen Schulen. Kondom-Automaten gibt es in jeder Kneipe. Jüngster Coup: Eine junge Journalistikstudentin aus Spanien ist die erste blinde TV-Moderatorin in Europa. Seit ein paar Wochen präsentiert Nuria del Saz auf »Canal 2 Andalucía« die Fernsehnachrichten am Mittag. Die 23jährige ist für das bislang einzigartige Projekt mit einem besonderen Computer ausgestattet worden, der Texte in die Blindenschrift übersetzt und ausdruckt. Selbst in der Männerdomäne Politik hat sich in den letzten Jahren manches gelockert. Sozialisten und Kommunisten führten die 25-Prozent-Frauenquote ein, und die Rechten boten den Frauen immerhin 15 Prozent an.[4]

»Welten haben sich für uns aufgetan, seit wir Frauen arbeiten gehen«, sagt Sarah Glattstein, Ex-Chefredakteurin der Frauenzeitschrift »Dunia«. »Früher bestimmten alle über uns, der Pfarrer, der Vater, die Mutter Oberin in der Mädchenschule, später der Mann, die Nachbarin und der Chef. Das ist endgültig vorbei.« Gruppen aufgekratzter Mädchen ziehen heute von Kneipe zu Kneipe, während andere Teenager auf einsamen Parkbänken schmusen. Zu Tausenden quetschen sie sich am Wochenende in die U-Bahn, um ins Zentrum zu fahren und in der Madrider Altstadt mit Bier zu feiern und zu lachen. Statt züchtig den Kochlöffel zu schwingen und sich mit Babywindeln zu plagen, äußern sich die Frauen freimütig zu Fragen der Zeit. Statt am Arm ihres Gemahls abends die Catellana entlang zu spazieren, die Kinder im Schlepptau, werden sie solo auf Ban-

Ana Botella-Aznar im Gespräch mit ihrem Gatten während einer Wahlveranstaltung wenige Tage vor den Parlamentswahlen im März 1996

ketten und Cocktailparties gesichtet. Nutznießerin dieser ebenso rasanten wie erfreulichen Entwicklung ist auch Ana Botella – der »Fixstern am spanischen Himmel« (Cambio 16). Sie läßt keine Gelegenheit ungenutzt, um für die Rechte der Frauen einzutreten, fordert weitere Zugeständnisse und stellt klar: »Meine hart erarbeitete Unabhängigkeit lasse ich mir nicht mehr nehmen.« Die Ehefrau von José María Aznar ist in guter Gesellschaft, bekommt Unterstützung von vielen Seiten. Parallelen zu anderen First Ladies bieten sich an.

Stört es Sie, wenn man Sie mit der amerikanischen First Lady Hillary Clinton vergleicht?[5]

Das scheint naheliegend, aber in Spanien hat die Frau des Regierungschefs keine festgelegte Rolle. Jeder kann ihr also die zuschreiben, die er möchte, mal größer, mal kleiner. Die Außenansicht wird dann davon abhängen, wie die Ehe zwischen ihr und dem Präsidenten ist. Gott sei Dank sind mein Mann und ich da sehr eng miteinander verbunden. Logisch, daß man uns deshalb auch immer gemeinsam sieht. Also ich möchte einfach klarstellen, daß ich keine politischen Ambitionen habe wie Hillary Clinton. Ohne Zweifel hat Hillary Clinton die Rolle der First Lady revolutioniert. Persönlich bin ich aber nicht damit einverstanden, daß die Frau des Präsidenten bei Beratungsgesprächen mit Ministern anwesend ist. Das Volk hat den Regierungschef gewählt und nicht seine Frau.

Stimmt es, daß hinter jedem erfolgreichen Mann eine intelligente Frau steht?

An seiner Seite, nicht dahinter. Sie geben ihren Männern viel Unterstützung bei wichtigen Entscheidungen.

Wie können Sie mit Kritik umgehen?

Ich habe mich an ständige Kritik an mir oder meinem Mann gewöhnt. Ich sage nicht, daß es mir gleichgültig ist, aber wir haben gewisse Selbstverteidigungs-Strategien entwickelt. Das funktioniert ganz gut. Wir müssen mit Kritik leben, schließlich leben wir in einer Demokratie. Wer das nicht aushält, sollte sich nicht in die Öffentlichkeit wagen. Und auch unsere Kinder können damit umgehen. Erst vor ein paar Wochen hat mein älterer Sohn zu mir gesagt: »Es ist mir egal, was die Leute schreiben. Ich weiß ganz genau, was für ein Mensch mein Vater ist.« Da war ich sehr stolz.

Warum leben Sie so ungern im Regierungspalast »La Moncloa«?

Es ist kein »normales« Haus, sondern ein Palast mit riesigen Sälen und offenen Hallen, mit Gemälden, Möbeln und Lampen aus Staatsbesitz. Alles von großem Wert. Die Familie wohnt im Obergeschoß, mein Mann residiert im unteren Stockwerk. Aber die Atmosphäre in dem Luxus-Palais trägt nicht gerade dazu bei, ein Zuhause zu schaffen. Mir macht es aber vor allem wegen meiner Söhne Sorgen. Sie sind in einer entscheidenden Phase ihrer Entwicklung. Ich möchte nicht, daß »Moncloa« ihnen eine verzerrte Wirklichkeit vermittelt. Ich will, daß sie in einer normalen Welt leben, daß sie nicht aus Sicherheitsgründen isoliert werden oder anders fühlen als ihre gleichaltrigen Freunde. Deshalb haben wir auch alle unsere persönlichen Dinge beim Umzug in den »Moncloa« mitgenommen. Das bedeutet für uns ein Stück Zuhause und ein Stück Gemütlichkeit.

Glauben Sie an das »Moncloa-Syndrom«, das immer wieder beschworen wird?

Ich glaube, daß es gefährlich für einen Politiker ist, sich einzuschließen, nicht rauszugehen auf die Straße, um Leute zu treffen, oder die Orte zu meiden, wo einem unangenehme Dinge gesagt werden könnten. Das Leben ist der Alltag und nicht das Personal, das einem jeden Wunsch von den Lippen ablesen möchte. Wir brauchen das nicht.

Sie und Ihr Mann stehen im Rampenlicht. Verleitet Macht zur Korruption?

Nicht jede Macht korrumpiert, und nicht jeder Politiker ist korrumpierbar. Das hängt immer davon ab, ob jemand moralische Prinzipien hat und ob er danach lebt. Spanien hat aus den Fehlern seiner Vorgänger gelernt.

Was nervt Sie an Ihrem Mann?

Es ärgert mich, wenn er Arbeit mit nach Hause bringt, schließlich muß es Grenzen geben. Im Leben gibt es noch etwas anderes als die Politik. Er soll sich Zeit nehmen für andere Dinge: Zeit für seine Kinder, Zeit zum Bücherlesen, sich zu erholen oder für seine Freunde.

Hat Ihr Mann Macken?

Er ist ein unglaublich ordentlicher Mensch. Wenn er zum Beispiel ein Buch liest, zerschneidet er eine Karteikarte in Streifen und macht sich darauf Notizen und Anmerkungen. Und wenn ich in der Bibliothek saubermache und mir ein Buch runterfällt und die Zettel herausfallen, dann wird er richtig ungemütlich.

Gibt es außer seinem Ordnungsfimmel noch etwas, was Sie monieren?

Es ist lange her, seit ich das letzte Mal ein Geschenk von ihm bekommen habe. Aber Blumen bringt mir José oft mit.

Ihr älterer Sohn José María muß zum Militärdienst. Sind Sie dafür oder dagegen?

Es wäre gut, wenn die jungen Leute nicht zum Militär müßten. Auf jeden Fall aber sollte man den Militärdienst verkürzen.

Stimmt es, daß Sie gelegentlich vor dem Kamin »Domino« spielen?

Ja, und José kann sich richtig ärgern, denn ich gewinne meistens.

Was ist Ihre Meinung zur Abtreibung?

Ich glaube, daß Abtreibung eine ganz persönliche Entscheidung ist. Aber ich bin für das Leben.

Haben Sie eine gute Beziehung zu Carmen Rumero, der Ehefrau von Felipe González, Ihrer Vorgängerin als First Lady?

Weder eine gute noch eine schlechte. Wir kennen uns kaum, sind uns bei offiziellen Anlässen einige Male begegnet und haben uns gegrüßt. Das ist schon alles.

Erfahren Sie politische Entscheidungen durch Ihren Mann oder aus der Presse?

Teils, teils. Ich gehe gern unter Leute, raus auf die Straße. Ich mag die Geschichten, die mir die Leute erzählen. Jeder hat eine interessante Geschichte.

Vor was haben Sie Angst?

Vor nichts. Ich bin eine Person, die vor wenigen Dingen Angst hat. Das Leben erschreckt mich nicht. Ich bin der Meinung, man sollte sich ihm stellen, ohne Angst und mit großer Erwartung.

Ihre Schwachstelle?

Meine Impulsivität. Ich schaffe es nicht, bis 30 zu zählen, bevor ich meine Meinung sage.

Wenn Sie sich etwas wünschen dürften, was würden Sie sich wünschen?

Ich würde mir sehr gerne 15 Tage Urlaub genehmigen, an einem einsamen Strand spazierengehen und die Seele baumeln lassen.

Mit Familie oder ohne?

Natürlich mit meinem Clan.

Gibt es in der Politik Personen, die Sie bewundern?

Neben dem Papst habe ich große Achtung vor Yassir Arafat. Wir haben ihn im Gaza-Streifen besucht. Mich hat die Armut und das Elend der Leute dort sehr beeindruckt und wie spartanisch Arafat lebt. Als ich all die Sicherheitsvorkehrungen um ihn herum gesehen habe, habe ich gedacht, welch hoher Preis. Ich bewundere Yassir Arafat sehr für seinen Mut, den eingeschlagenen Weg bis zu Ende zu gehen.

Sie sind die First Lady von Spanien. Ist die jetzige Situation Ihr größter Erfolg?

Mein größter Erfolg und mein größter Schatz ist meine Familie. Das ist wirklich mit nichts vergleichbar. Ich komme aus einer Großfamilie und werde nie meine Wurzeln verleugnen. Auch zu meinen Geschwistern ist der Kontakt optimal. Wir telefonieren regelmäßig und sehen uns so oft wie möglich.

Ana Botella kommt am 24. Juli 1953 in Madrid zur Welt. Sie ist die Erstgeborene von insgesamt dreizehn Kindern (sieben Jungen und sechs Mädchen). Bei Verwandtschaftsbesuchen in den eigenen vier Wänden hängt der Vater Ernesto Botella ein Schild an die Wiege, auf dem steht: Nicht küssen, nicht anfassen! Die ersten 23 Jahre ihres Lebens verbringt Ana im Elternhaus in der »Calle Carbonero y Sol«.

Der Ingenieur und die Hausfrau Ana Serrano, die sich einen Jungen als erstes Kind gewünscht hatte, erziehen ihre Kinder in konservativer, franco-treuer Atmosphäre, was zur Folge hat, daß alle später links wählen. Mutter Ana, die gern Medizinerin geworden wäre, gibt ihren Wunsch auf, als sie 1952 heiratet. Die Familie ist sehr religiös, besucht jeden Sonntag die Kirche. Vorgetäuschte Erkältungen oder andere Wehwehchen sind zwecklos. Vater Ernesto setzt auf Zucht und Ordnung, duldet keinen Widerspruch. Zum Beispiel dürfen die Mädchen keine Hosen tragen, nur Röcke, selbst wenn sie aufs Land fahren. Kein Wunder, daß Ana heute besonders gern und oft Minis trägt. Die Jungen und Mädchen müssen sich unter Aufsicht die Zähne putzen, vor jeder Mahlzeit die

Hände waschen, und, als sie größer werden, spätestens um 22 Uhr zu Hause sein. Als Ana einmal durch einen U-Bahn-Unfall erst nach 24 Uhr nach Hause kommt, gibt es nicht nur eine lautstarke Standpauke, sondern für die nächsten zwei Wochen Ausgehverbot. Auf gute Manieren bei Tisch legt der Herr Papa besonders großen Wert. Alle Kinder haben Aufgaben im Haus zu verrichten. Diese werden von den Eltern nach einem fein ausgeklügelten Punktesystem bewertet. Das schmale Taschengeld errechnet der Vater nach Alter und Bedürfnissen, was nicht selten zu Tränen oder Protest führt. Mit Puppen hat Ana nie gespielt: »Ich hatte ja meine Geschwister.« Zwei Kinder teilen sich in dem gutbürgerlichen Haushalt jeweils ein Zimmer. Das Kind in der Wiege rückt immer auf in ein Kinderzimmer, sobald das nächste Baby kommt. Die Großfamilie, die keine finanziellen Sorgen hat, hält zusammen wie Pech und Schwefel. Motto: »Jeder ist für den anderen da, wann und wo auch immer!«

Mit fünf Jahren kommt die zierliche Ana Botella in die Klosterschule »Las Madres Irlandesas« (»Die irischen Nonnen«), ohne vorher im Kindergarten gewesen zu sein. Die Mutter wollte sie lieber zu Hause haben. Nähen ist Anas schlimmstes Fach, für Physik, Chemie und Mathematik kann sie sich nicht erwärmen und bekommt Nachhilfeunterricht. Das hat zur Folge, daß die Noten besser werden, aber das Interesse bleibt gleich Null. Auch Nähen mag sie bis auf den heutigen Tag nicht.

Ansonsten ist sie immer eine der Besten in der Klasse. Die Nonnen sind sehr streng, achten auf Gehorsam und Moral, gewissenhafte Erziehung und religiöse Bildung. Die Schülerinnen müssen ihr Haar zusammenbinden, am Mittagstisch gerade sitzen, die Beine stets geschlossen halten und die Hände auf den Tisch legen. Der Unterricht wird in englischer Sprache abgehalten. Nach einem privaten Sommerkurs in Brighton gehört Ana zu den besten Schülerinnen. Alle wollen von ihr abschreiben, und sie schafft es nicht, nein zu sagen. Die Nonnen haben sich einen Trick einfallen lassen, damit die Kinder nur Englisch sprechen. Es gibt ein Schild aus Pappe, das ein Mädchen um den Hals tragen muß, wenn es beim Spanischsprechen erwischt wird. Diese Demütigung muß es so lange tragen, bis die Nonnen eine andere Schülerin bei demselben Fehler ertappen, dann wird dieser das Schild übergestreift.

Mit acht Jahren lernt Ana zwei entscheidende Dinge: Die »Heiligen Drei Könige« kommen nicht aus dem Orient, sondern aus dem Elternschlafzimmer nebenan. Und sie stellt fest, daß die Kinder nicht vom Storch gebracht werden, sondern Papa und Mama irgend etwas damit zu tun haben.[6]

Schon als Kind liest Ana Botella sehr gern. Ihre ersten Bücher sind unter anderem die Roman-Reihe »Fünf Freunde« von Enid Blyton, später gehören Schriftsteller wie Valle Inclán und Gabriel García Márquez zu ihren bevorzugten Autoren. Fertiggelesen hat sie gerade »Der Medicus« und »Doktor Cale« – beide von Noah Gordon. Ihr Lieblingsbuch bis heute ist »Die Liebe in den Zeiten der Cholera« von Márquez. »Ich habe den Roman mindestens schon fünfmal gelesen, und immer wieder finde ich noch Stellen und Zusammenhänge, die mir vorher so nicht bewußt waren.«

Die Sommerferien verbringt die 15köpfige Familie meist in der Nähe von Córdoba bei den Großeltern mütterlicherseits. Nach deren Tod fährt die Familie regelmäßig in die Berge von Sierra de Madrid, in eine Anlage namens »Los Molinos«, wo sie ein Haus gemietet haben. Im Gepäck ist immer ein großer »Erste-Hilfe«-Koffer, denn Hautabschürfungen und Prellungen sind bei der »Rasselbande« an der Tagesordnung.

Ana ist ein »Temperamentsbolzen« (El Mundo). Sie gibt den Ton an und geht keinem Streich aus dem Weg. Jungen aus der Nachbarschaft läßt sie schon mal die Luft aus dem Fahrrad, die Geschwister sperrt sie stundenlang aus, und wenn sie besonders wütend ist, versalzt sie demjenigen, der sie geärgert hat, die Suppe. Nach der Schule entscheidet sich Ana Botella, Jura zu studieren, und besucht ab 1970 die renommierte Universität »Complutense« in Madrid. Für

Jura entscheidet sie sich, weil ihr die Fernsehserie »Die Verteidiger« so gut gefiel – wird zumindest in einer Biographie behauptet. Schnell findet sich ein Kreis von neun Freundinnen. Die Uni ist mit der Klosterschule nicht zu vergleichen. Es wird viel diskutiert und polemisiert. Das Franco-Regime, das die Eltern so in den Himmel heben, ist ihrer Überzeugung nach »in Wirklichkeit ganz schrecklich«. Es herrscht revolutionäre Aufbruchstimmung. Mit Protestzügen wird gegen Ungerechtigkeit und Unterdrückung in dieser Welt demonstriert. Ana Botella: »Wir alle dachten gleich, glaubten, etwas verändern zu müssen. Und uns wurde klar, daß wir nicht die Uni besuchen, um einen späteren Ehemann zu finden. Unsere späteren Männer sollten uns nicht aushalten, wir wollten finanziell unabhängig sein.« In den Semesterferien arbeitet Ana Botella als Englisch-Nachhilfelehrerin, jobbt als Hostess auf Messen und interviewt Passanten für ein Marktforschungsinstitut.

Ana ist bei den Jungen sehr beliebt. Einige wollen ihr unbedingt die Briefmarkensammlung zeigen, andere laden sie zum Eis ein. Es kommt zu ein paar Schwärmereien. Doch das höchste der Gefühle ist ein Kuß auf die Wange. Ana bleibt standhaft. Vor der Haustür ist der Abend zu Ende. Das ändert sich auch nicht bei Vollmond, wie einige Schlauberger hoffen.[7] Die attraktive Studentin in den hautengen Jeans wird zum Stammgast in Diskos, macht die Nacht zum Tag und kommt gelegentlich auch ohne Schlaf aus. Mehr aber ist nicht. Die Eltern geben allen Widerstand auf, vertrauen ihrer ältesten Tochter. Das konnten sie auch, denn Ana hatte sich geschworen, auf den Richtigen zu warten. Absolut überzeugt von der Institution Ehe, wollte sie sicher sein in ihrer Wahl der ersten großen Liebe.

Osterwoche 1975: Eine Gruppe von Kommilitonen unternimmt zum Semesterende eine zehntägige Studienreise nach Griechenland. Am letzten Abend feiert die Gruppe in einem Lokal in der Altstadt von Athen. Ana Botella und José María Aznar wechseln höflich distanziert ein paar belanglose Worte, wünschen einander nach dem letzten Glas Wein eine »Gute Nacht«. Am nächsten

Morgen, beim Rückflug, kommt sie zu spät zum Flughafen, und der einzige noch freie Platz in der Maschine ist neben José María. Was zwischen den beiden während des Fluges geschah, bleibt ihr Geheimnis. Auf jeden Fall ist zwischen den Studenten die große Liebe ausgebrochen. Zurück in Madrid, können Ana und José María nicht mehr voneinander lassen. Amor hat seine Pfeile abgeschossen. In den Vorlesungspausen gehen sie auf dem Campus händchenhaltend spazieren und küssen sich ungeniert vor Freunden. Ana hat genaue Vorstellungen von der Ehe, und José María ist der Auserwählte. Ihm gefällt an ihr, daß sie ihn immer wieder zum Lachen bringt, was wohl nicht unbedingt einfach ist, da er ein ernsthafter, eher verschlossener junger Mann ist. Ihr gefallen die Sicherheit, die er ausstrahlt, seine klaren Ideen und seine warme Stimme.

Bereits fünf Tage nach dem ersten Kuß im Flugzeug kauft er viele rote Rosen, schmeißt sich in Schale und hält um ihre Hand an. Vor ihrer Haustür nimmt er allen Mut zusammen und fragt: »Willst du mich heiraten?« Und sie antwortet, ohne auch nur eine Sekunde zu überlegen: »Ja«. Courths-Mahler läßt grüßen! Bis zur kirchlichen Trauung aber vergehen noch gut zwei Jahre. Ana Botella: »Als ich ihn kennenlernte, in seine wunderschönen Augen schaute, war mir klar, daß ich den Rest meines Lebens mit José verbringen wollte. Ich war wie vom Blitz getroffen, spürte dieses gewisse Kribbeln im Bauch, auf das ich so lange gewartet hatte.«

Im Sommer 1975 sind beide mit dem Studium fertig und wollen unbedingt heiraten. Doch dafür braucht das Paar Geld. Aus Prinzip wollen die Eltern sich an den Kosten nicht beteiligen. Der Hochzeitswunsch muß warten. Ana Botella und José María Aznar entscheiden sich, die höhere Beamtenlaufbahn einzuschlagen. Sie als Verwaltungsbeamtin, er als Finanzinspektor.

Die beiden bestehen ihre Examen. Nach drei Ausbildungsmonaten bekommt sie eine Stelle im Innenministerium und verdient monatlich 88 000 Peseten (ca. 2 700 Mark). Daraufhin eröffnen Ana und José ein gemeinsames Bankkonto. Ihr Einkommen ist ab sofort ihr gemeinsames Geld. Später sorgt auch er für Bewegung auf der Habenseite.

Am 7. Oktober 1977 hält José María Aznar offiziell bei den Botello-Serranos um die Hand Anas an. Sie schenkt ihm zur Verlobung eine Armbanduhr, er ihr einen kostbaren Diamantring. Am 14. Oktober 1977 feiern ihre Eltern Silberhochzeit, am 28. Oktober 1977 heiraten Ana und José. Seine Eltern schenken ihr, einer Familientradition entsprechend, das Brautkleid. Nach der tränenreichen Trauung wird im Restaurant »Pavillon« mit 24 Gästen bei viel Wein und Flamenco gefeiert. Das Brautpaar übernachtet im 5-Sterne-Hotel »Villamagna«, ein weiteres Geschenk der Eltern Aznar. In der ersten Nacht im Doppelbett werden gleich einige wichtige Details für das weitere Zusammenleben festgelegt. Ana zum Beispiel liebte es bis dahin, bei weit aufgerissenem Fenster und aufgezogenen Jalousien zu schlafen. José María hingegen kann nur in einem völlig abgedunkelten Zimmer mit geschlossenen Fenstern und Jalousien schlafen. Der Machtkampf endet 1:0 für ihn. Sie hat sich angepaßt. Den »Honeymoon« verbringt das junge Paar auf Portugals romantischer Blumeninsel Madeira, wo sie nur zehn Tage bleiben können, denn José hat kurz vor der Hochzeit sein Examen bestanden und wird die nächsten 18 Monate auf der Hochschule für Finanzinspektoren studieren. Der Direktor des Instituts hatte ihm gnädig zehn Tage für die Flitterwochen bewilligt. Es ist nicht ausschließlich eitel Sonnenschein, trotz langer Abende in den Tavernen und romantischer Spaziergänge am Strand. Im Rückblick auf die ersten Monate ihrer Ehe erinnert sich Ana Botella, daß sie sich wochenlang in einem regelrechten »Kriegszustand« befanden. Sie lagen sich wegen jeder Kleinigkeit in den Haaren, und nicht selten wurde es bei den Auseinandersetzungen auch ziemlich laut. »Ich habe nicht immer den Streit provoziert, aber José hatte seine Kriterien, die er durchsetzen wollte«, erinnert sich Ana Botella. »Er konnte unglaublich stur sein. Zum Beispiel habe ich darauf bestanden, daß er mir bei der Hausarbeit hilft. Nach Wochen hatte ich ihn soweit. In dem Punkt habe ich mich durchgesetzt.« [8]

Heftigen Krach haben die beiden auch bei der berühmten, generationenübergreifenden Nummer mit der Zahnpastatube. Ein

Machtspielchen, das offenbar bis heute nichts von seiner Attraktivität eingebüßt hat. Ana Botella: »José ist ein sehr, sehr ordentlicher Mensch, hat die Tube früher immer von unten nach oben gedrückt, während mir das völlig egal war. Obwohl wir unterschiedliche Marken benutzen, mäkelte er an meinem Verhalten herum. Heute drückt er die Zahnpastatube genau so schlecht aus wie ich. Mein Hang zur Unordnung ist zwar schon etwas besser geworden, aber das Chaos ist und bleibt mein ständiger Begleiter. In meinem Auto sieht es immer aus, als hätten zehn Kinder darin gespielt.«

Ihre erste gemeinsame Wohnung ist nur 40 Quadratmeter groß, möbliert und befindet sich in der »Paseo de la Habana«. Ana bereut heute noch, daß sie damals aus Platzmangel viele Erinnerungsstücke und fast alle Briefe aussortiert hat, weil in dem Appartement einfach kein Platz war. Nur die Liebesbriefe hat sie aufgehoben. Die Miete beträgt 25 000 Ptas (ca. 760 Mark). Der erste große Schreck kommt einen Monat später mit der Stromrechnung über 28 000 Ptas (ca. 860 Mark) – wegen der Klimaanlage. Danach haben die beiden die Anlage nie wieder in Betrieb genommen. Zu dieser Zeit spielt José María neben seinem Studium den Hausmann. Ana kommt gegen 16 Uhr von der Arbeit, er hat den Tisch gedeckt. Sie lernt langsam und mit einiger Mühe zu kochen und verfärbt auch schon mal die Weißwäsche, weil sie einen roten Pulli mit in die Waschmaschine gestopft hat. Und auch mit der Temperaturwahl hat sie so ihre Schwierigkeiten. Seine Strümpfe passen anschließend einem Kleinkind, und ihre Pullover verdienen hinterher die Bezeichnung Bolero.

Gegen Ende der siebziger Jahre zieht das Paar nach Logrono, wo José María Aznar als Inspektor im Finanzamt arbeitet und Ana Botella als Beamtin in der lokalen Verwaltung. Ihr Mann kommt mit der Politik in Kontakt, was der jungen Frau anfangs überhaupt nicht gefällt. Mit allen möglichen Tricks versucht sie, ihm seine neu entdeckte »Leidenschaft« auszureden. Ohne Erfolg. Sie duldet widerwillig sein Engagement, steht in der Öffentlichkeit zu ihm und unterstützt seine Ambitionen. Aznar tritt der »Alianza Popular« (AP) bei, aus der zehn Jahre später die rechtskonservative »Partido Popular« (PP) hervorgeht. Der damalige AP-Vorsitzende Manuel Fraga, lange Zeit ein enger Franco-Vertrauter: »José María hat wirklich Glück gehabt, so eine Frau wie Ana gefunden zu haben. Politik ist eine wahnsinnige Belastung. Es gibt Familien, die ganz fest miteinander verbunden waren, und plötzlich war durch die Politik die Stabilität weg. Ana weiß um die Gefahr, und deshalb ist meine Bewunderung sehr groß. Solche Frauen sollte es mehr in unserem Land geben.«

Das erste Kind des Ehepaares Botella/Aznar wird am 30. November 1978 geboren: Sohn José Mariá. Bis auf eine lustige Begebenheit verläuft die Geburt völlig normal. Ana Botella dachte, wenn sie aus dem Krankenhaus flieht, entflieht sie auch den Schmerzen und allem, was mit der Geburt zu tun hat. Die Anekdote klingt so absurd, daß sie schon wieder wahr sein könnte. Beim Baby-Füttern unterhalten sich die Eltern. Er fragt sie: »Was wünschst du dir für deinen Sohn?« Sie antwortet: »Daß er ein guter Mensch und glücklich wird.« Nach dem vorgegebenen Mutterschaftsurlaub begibt sich Ana Botella wieder ins Büro. Sie ist eine fordernde Mama, verlangt von dem Hausmädchen Blanca, daß sie mit dem Erstgeborenen José María vor ihrem Bürofenster auf und ab spaziert. Jeden Tag um 11.30 Uhr wird das Ritual durchgeführt, und wenn sich Blanca mit dem Kinderwagen einmal verspätet, weil sie nicht rechtzeitig die Straße überqueren kann oder die Ampel auf Rot steht, vermutet Ana Botella das Schlimmste. In heller Aufregung ruft sie sofort zu Hause an, und wenn dort keiner den Hörer abnimmt, rennt sie den beiden auf der Straße entgegen. Die Begrüßung fällt dementsprechend aus. Für die Kinderfrau setzt es ein paar passende Worte, der Sprößling darf auf den Arm, wird geherzt und gedrückt.

Anfang 1979 wird die neue spanische Verfassung verabschiedet, die Demokratisierung nimmt ihren Lauf, und Aznar ist nicht mehr zu bremsen. Morgens arbeitet der Beamte mit dem stets akkurat sitzenden Scheitel im Finanzamt, nachmittags ist er im Parteibüro anzutreffen. Immer häufiger tritt der schmächtige »Inspektor mit dem finsteren Blick« (El País) auf Wahlveranstaltungen auf. Gerade neun Monate bei der AP, wird er Generalsekretär von Logrono, wenig später Generalsekretär der Gesamtpartei. Aznar ist gerade einmal 26 Jahre alt. Obwohl Ana Botella ihren Mann nach bestem Gewissen unterstützt, erkennen Freunde und Bekannte schnell, daß sie das »windige Polit-Geschäft« nicht mag. Und auch Aznars Mutter rät Ana dringend: »Sieh zu, daß der Junge sich diesen Unsinn aus dem Kopf schlägt.« Eine gute Freundin, Concha Tallada, drückt Anas Unlust so aus: »Sie mag diese Männer-Verschwörungen gar nicht, weil sie konträr zu ihren Idealen stehen. Die Politik ist nicht kompatibel mit dem Stundenplan eines Familienhaushalts.«[9]

Ende 1980 zieht die Familie nach Madrid. Die beiden finden eine schöne große Wohnung in der »Paseo de la Castellana«. Er arbeitet in der Finanzdelegation, sie im Bauministerium. Das zweite Kind kündigt sich an: Tochter Ana. Die Mutter muß vom 20. August bis zum Tag der Geburt am 26. September wegen leichter Komplikationen das Bett hüten. »Die ersten vier Tage waren furchtbar«, erinnert sich Ana Botella. »Ich bin es nicht gewohnt, mich nicht zu bewegen. José hat sich toll verhalten, war immer zur Stelle, wenn ich ihn brauchte. Das vergesse ich ihm nie.« Auch nach der Geburt kümmert sich der zweifache Vater rührend um das Baby, füttert es mit der Flasche und wechselt mehrfach am Tag die Windeln.

Aber die Politik hat den Generalsekretär bereits fest im Griff. Für die Parlamentswahlen 1982 ist er ständig auf Achse. Nur noch selten läßt er sich bei seiner Familie blicken. Sein zweites Zuhause werden die Hotels des Landes. Es kommt zu Spannungen. José María Aznar: »Ana haßt es, wenn wir getrennt sind. Und um ehrlich zu sein, mir gefällt es auch nicht.« Die beiden befinden sich in

Die spanische First Lady und ihr Gatte bei einem Staatsbesuch in Kolumbien, begleitet von Kolumbiens Präsident Pastrana

einer Sackgasse. Ihr Unmut über das Politikgeschäft kratzt an der bislang harmonischen Beziehung. Eine Lösung muß her. Der Ausweg aus der Ehekrise lautet, daß sie ihn in Zukunft bei allen öffentlichen Veranstaltungen begleitet. Die Wahlen finden am 28. Oktober 1982 statt. Der charismatische Felipe González von der »Partido Socialista Obrero Español« (PSOE) gewinnt die Wahl haushoch, doch Aznar gelingt etwas vorher nie Dagewesenes: Er nimmt in seinem Wahlkreis nicht nur der PSOE viele Stimmen weg, sondern besiegt auch noch den Spitzenkandidaten der »Zentrumspartei« (CDS), Adolfo Suárez, und avanciert zum Mitglied des spanischen Parlaments – als Vertreter von Avila, einem 40 000 Einwohner zählenden Ort, 120 Kilometer nordwestlich von Madrid gelegen. Seit April 1986 ist auch Ana Botella Mitglied der »Partido Popular«. Ein Jahr später wird Aznar, inzwischen 34 Jahre alt und nach eigener Einschätzung kein begnadeter Redner, zum Regierungspräsidenten von Castilla y León ernannt. Eine riesige Fernsehleinwand zeigt seine offizielle Amtseinführung und symbolisiert seinen »kometenhaften Aufstieg« (Newsweek). Der Marktplatz ist übersät mit Menschen. An seiner Seite Ana Botella, gerührt und den Tränen nahe. José María Aznar: »Ana ist wunderbar, einfach eine tolle Frau. Sie tanzt auf mehreren Hochzeiten und verliert trotzdem nicht ihren Humor. Und was für mich sehr wichtig ist: Ihre Meinung bekommt für mich immer mehr Gewicht. Ich brauche ihre Kraft, ihre Fähigkeit zur Kritik und ihren lebhaften Charakter. Ich vertraue sehr stark auf Anas Intuition.«[10]

Auch privat ist Ana Botella die Powerfrau. Seit Anfang der Ehe ist es so, daß sie die Bücher führt, alle Finanzen kalkuliert, sich um Hypotheken und Ausgaben der Familie kümmert. Selbst wenn sie ins Restaurant essen gehen, hat sie das Geld dabei und bezahlt die Rechnung. Sie sagt: »José öffnet nie einen Brief von der Bank – den schiebt er mir immer ungeöffnet zu. Das ist für ihn sehr bequem; er weiß nicht einmal, wie hoch das Schulgeld der Kinder ist. Das einzige, was er weiß, ist die Tatsache, daß wir uns nicht zur Ruhe setzen können.« Ana Botella gibt den Ton an, hat alles unter ihrer Kontrolle und ersetzt Phantasie durch Pragmatismus – mit einem Schuß Romantik.

Alonso, der jüngere Sohn, wird am 11. Mai 1988 in Valladolid geboren. Das freudige Ereignis verbreitet sich so schnell, daß es in der 340 000-Einwohner-Stadt kaum noch Blumen gibt. Das Baby ist eine Frühgeburt, hat einige Anfangsschwierigkeiten. Die Lunge des Jungen ist nicht ausgereift. Er kann nicht richtig atmen und muß deshalb in einen Inkubator. Ana Botella weicht nicht von der Seite ihres dritten Kindes, ist bei ihm Tag und Nacht, bis er entlassen wird. Da Alonso eine labile Gesundheit hat, beschließt sie, daß keiner ihn sehen darf, was zur Folge hat, daß sie sich mit ihm im Schlafzimmer einschließt. Die seelische Belastung zerrt an ihren Nerven, zumal ihr Mann wegen seiner politischen Aktivitäten nur selten zu Hause ist. Zum ersten Mal in ihrem Leben fühlt sich Ana Botella verloren, im Stich gelassen von ihrem Ehemann: »Ich glaube, das war eine der schlimmsten Obsessionen, die ich jemals im Leben erlebt habe, und es dauerte fast zwei Monate.«

Die Präsidentengattin geht gestärkt aus dieser Krise hervor. Sie unterstützt ihren Mann in seinen politischen Absichten und weicht auf öffentlichen Veranstaltungen nicht von seiner Seite. 1989 wird Aznar als Spitzenkandidat seiner Partei für die anstehenden Wahlen nominiert. Aznar später in einer Biographie: »Für Ana ist das ein Salto mortale ohne Netz. Doch sie hat ein Riesenvertrauen in meine Fähigkeiten. Und sie hat sich völlig verändert in ihrem Verhalten gegenüber den Jahren davor. Sie sagt immer wieder: »Wir müssen die Sachen nehmen, wie sie kommen, also vorwärts.« Esther Alonso, eine Schulfreundin, erinnert sich an diese Zeit: »Ana ist vor allem die Partnerin von Aznar. Und zwar nicht eine, die nur hinter ihrem Mann hertrottet, sondern eine, die wirklich an seiner Seite geht. Und sie berät ihn bei wichtigen Entscheidungen.«

Die Unterstützung hilft wenig: Aznar scheitert als Kandidat für das Amt des spanischen Ministerpräsidenten. Die Familie kehrt trotzdem nach Madrid zurück. Sie beziehen eine Wohnung am Park »Conde de Orgaz« in der »Avenida de los Madronos«. Ana bittet um Freistellung vom Beruf für ein paar Monate, daraus werden drei Jahre. Ana hat beschlossen, sich so lange verstärkt den Kindern zu widmen, bis Alonso in die Schule kommt. Im Oktober 1991 fängt sie wieder in der staatlichen Immobilienverwaltung an. Und wieder stellt sich Ana Botella der dreifachen Herausforderung: Familie, Politik und Beruf. Sie kommt zu der Überzeugung: »Ich will keine Frau mehr sein, die nur die Frau von jemandem ist. Ich möchte selbst etwas bewegen.« Vorangegangen ist ein Gespräch mit ihrem Sohn José María, der behauptet, die Haushälterin arbeite mehr als Ana: »Da habe ich mir gesagt: Das denkt mein Sohn also von mir? Wie furchtbar! Dabei haben die Kinder keine Ahnung, wieviel Arbeit es ist, einen Haushalt zu organisieren!«

1992 ist ein großes Jahr für Spanien: Madrid ist die Kulturhauptstadt Europas, in Sevilla findet die »Weltausstellung Expo« statt, in Barcelona sind die »Olympischen Spiele«, und die »Partido Popular« gewinnt wieder die Wahlen in der autonomen Provinz Castilla y León.

1993 scheitert José María Aznar erneut als Kandidat für das Amt des Ministerpräsidenten. Ana Botella wird selbst politisch aktiv, hält Vorträge in den Arbeitervierteln von Madrid und erfährt viel positive Resonanz. Sie deckt Mißstände schonungslos auf und scheut sich nicht, von der zunehmenden Verrohung der Gesellschaft zu sprechen. Sie kritisiert das Besitzstandsdenken der Reichen, die sich nur noch um ihre eigene Achse drehen, ohne Rücksicht auf die Schwächeren im Lande, die Hilfe brauchen: »Alle Gleichgewichte sind hin. Wenn wir nicht wollen, daß es uns schlechter geht, müssen wir uns ändern. Wir können nicht weiterleben nach dem Motto: Rette sich, wer kann!«

Ihre humanitären Aktivitäten finden zunehmend Widerhall in den heimischen Zeitungen und Zeitschriften. Der Programmdirektor von »Tele 5«, Luis Marinas, bietet ihr eine Info-Sendung an, in der sie über die Sorgen und Nöte in der Bevölkerung reden soll. José María Aznar läßt seiner Frau bei der Entscheidung freie Hand. Die Mitglieder der »Partido Popular« sind entsetzt, was Ana Botella nur ermuntert, die neue Aufgabe in Angriff zu nehmen. In ihrer ersten Sendung spricht sie mit Eltern und Psychologen über Jugendliche, die in der Woche zuvor durch Alkohol am Steuer oder Raserei ums Leben gekommen sind. Ein TV-Highlight! Zwei Jahre lang hat Ana Botella einmal wöchentlich ihren Fernsehauftritt. Sie warnt vor Drogen, diskutiert über Abtreibung und plädiert für weniger Sex und Crime im Fernsehen. Die Einschaltquoten stimmen, mit der kiloweise eintreffenden Leserpost beschäftigen sich vier Redakteure. Selbst das Königspaar Juan Carlos und Doña Sophia bedankt sich bei Ana Botella für ihr soziales Engagement.

Dann kommt der 19. April 1995 – ein grauer, regnerischer Tag. José María Aznar verläßt ganz normal kurz nach acht Uhr das Haus und fährt mit dem Wagen ins Büro. Ana geht nach dem Abwasch des Frühstücksgeschirrs ins Bad, um sich selber für den Tag fertig zu machen. Wie üblich schaltet sie das Radio im Bad ein, um die Nachrichten zu hören. Sie erfährt, daß die baskische Untergrund-

Das Ehepaar Schröder zu Besuch bei dem spanischen Premierminister und seiner Frau in Marbella am 4. Januar 1999

Organisation ETA auf den Wagen ihres Mannes ein Attentat verübt hat. Eine riesige Explosion zerreißt das Auto in tausend Stücke. Wie durch ein Wunder bleiben die Insassen unverletzt. José María Aznar trägt ein paar Schnittwunden und Prellungen davon. Ana Botella später in einem Radio-Interview: »Heute sollte ich Witwe werden. Gott sei Dank ist die Realität eine andere. Niemals hätte ich gedacht, daß die ETA sein, unser Feind sein könnte. Ich muß komplett verrückt gewesen sein, aber ich habe nicht einmal daran gedacht, daß ein Politiker gefährlicher als ein Beamter lebt. Das Attentat hat mein Leben verändert, denn bislang hatte ich nie Anlaß, Angst vor irgend jemandem oder irgend etwas zu haben. Ab heute ist nichts mehr so, wie es vorher war.«

Zwei Tage später beschließt Ana Botella, ihren ältesten Sohn wieder in die Schule zu schicken, und sie selbst geht wieder zur Arbeit. Doch der Spuk läßt die Familie nicht los. Man beschließt, eine Woche Urlaub auf Mallorca zu machen. Danach sagt Ana

Botella in der Zeitschrift »Tribuna«: »Ich möchte mich nicht eine einzige Minute mehr mit der Vergangenheit beschäftigen, sondern nur noch mein künftiges Leben in die Hand nehmen und dafür Lösungen finden.«[11]

Am 5. Mai 1996, nach der Vereidigung durch König Juan Carlos, wird José María Aznar spanischer Ministerpräsident und zieht in den Regierungspalast »La Moncloa« ein. Das prunkvolle Gebäude aus dem 18. Jahrhundert mit der wunderschönen Gartenanlage liegt ein bißchen außerhalb von Madrid – an der Schnellstraße nach La Coruña. Beim dritten Anlauf, nach 1989 und 1993, hat es für Aznar endlich geklappt. Der 43 Jahre alte Politiker löst den nach Korruptionsskandalen und Politaffären ins Gerede gekommenen Felipe González ab. Nach 13 Jahren sozialistischer Herrschaft übernimmt die konservative Volkspartei »Partido Popular« die Regierungsgeschäfte auf der Iberischen Halbinsel. Viele prominente Politiker sind davon überzeugt, daß erst Ana Botella diesen Erfolg ermöglicht hat. Früher war sie schon mal eifersüchtig auf die Politik. Heute gilt sie als engste und einflußreichste Beraterin ihres Mannes – auch wenn sie das öffentlich nie zugeben würde.

José María Aznar, Sohn eines Rundfunkdirektors und einer Hausfrau, gilt als guter Zuhörer und konzentrierter Arbeiter, ist sparsam bis geizig. Als Präsident von Castilla y León müssen seine Parteifreunde ihn auffordern, sich doch endlich neue Hemden zu kaufen: Die, die er trug, waren am Kragen und an den Manschetten durchgescheuert. Sein politischer Planungschef Carlos Aragonés: »Zuweilen gebärdet er sich zu stark als Kassenwart und gibt das Bild eines Verkäufers in einer Marktbude ab.« Seinen 193er Seat 1500 fuhr der Jüngste von vier Geschwistern, bis er förmlich auseinanderfiel. Der kleinwüchsige, schmächtige Spanier mit dem pechschwarzen Schnauzbart, der von seinen Freunden in Anspielung auf Charlie Chaplin »Charlotin« genannt wird – freilich ohne dessen ausgebeulte Hosen – und von Kollegen als »Aznar, der Roboter« bezeichnet wird, setzt seinem fehlenden Charisma das Image als

Saubermann entgegen. Seine Tugenden: Disziplin und Fleiß. Der »Mann mit dem Image eines Buchhalters« (Die Weltwoche) ist politisch glanzlos, aber erfolgreich. Selbsteinschätzung: »Ich erkenne an, daß sich zwischen mir und anderen zuweilen eine Mauer aufbaut, die ich nicht überwinden kann. Ich bin kein Scherzbold.« Ehefrau Ana Botella sieht das anders: »José verlangt sich mehr ab als anderen. Er hat weitaus mehr Gefühl, als er nach außen zeigt.«

Aznar, seit dem neunten Lebensjahr Mitglied des renommierten Fußballclubs »Real Madrid«, läuft viel Ski, spielt Tennis und Squash, trinkt gern Rotwein und hört am liebsten Musik von Ludwig van Beethoven und Bruce Springsteen. »Der Mann ohne Laster« (Tribuna) trägt in seiner Freizeit gern Levi's Jeans, Hérmes-Hemden und Lacoste Poloshirts. Ana kauft ihm die Krawatten und achtet darauf, daß seine Initialen in die Hemden gestickt sind. Sie selbst kleidet sich meist zurückhaltend und klassisch, bevorzugt Kostüme in leuchtenden Farben. Zu ihren favorisierten Mode-Designern gehören Armani, Piedro del Hierro und Zara. Neuerdings zeigt sie auch eine Schwäche für große, schwarze Hüte.[12]

Der Journalist Luis del Olmo vom Radiosender »Onda-O« über die First Lady: »Ana Botella füllt ihre Rolle hervorragend aus, ohne in die Falle der Quotenfrau zu tapsen. Sie spielt den Part, der ihr zusteht, mit großer Sensibilität und Vernunft, mit großer Reife und weit weg vom Prominenten-Dasein. Ana ist eine Frau mit großem Charme, einer eigenen Persönlichkeit, die weder ihre konservativen noch ihre progressiven Ideen versteckt. Sie ist von ruhiger Stärke, weiß ihre Anliegen zu verteidigen, ist jemand, der sich durch Politik und Macht nicht auffressen läßt. Sie ist ein Mensch, der um jeden Preis die Werte der Familie hochhält. Sie weiß, was sie will – und das ist gut so.«

Das »freundliche Antlitz Spaniens« (Tribuna) liebt es, alle wichtigen Daten wie Geburtstage und Hochzeitstage zu feiern, Familienfeste zu organisieren. Sie würde sich niemals einer Schönheitsoperation unterziehen, beginnt jeden Montag eine neue Diät, um sie Mitte der Woche wieder abzubrechen. Niemals verläßt sie das Haus ohne Ohrringe und die goldene Rolex-Uhr, die ihr José María Aznar zum zehnten Hochzeitstag geschenkt hat. Niemals schläft sie ein, ohne vorher ein paar Seiten in einem Buch gelesen zu haben, und ohne einen »Gute-Nacht«-Kuß ihres Mannes. Seit Jahren war »Bellissima« (ABC) in keinem Erwachsenenfilm mehr. Ins Kino geht sie nur, wenn ein neuer Walt-Disney-Streifen läuft, um ihrem Sohn Alonso einen Gefallen zu tun. »Mein Lieblingsfilm ist bis heute das Rührstück ›Dr. Schiwago‹ mit Omar Sharif und Julie Christie in den Hauptrollen. Einfach himmlisch! Den Film kann ich mir immer wieder ansehen, und jedesmal fange ich an zu heulen, verbrauche ich viele Taschentücher.«[13]

Ana Botella ist sich bewußt, daß ihr Mann die Hauptrolle spielt, doch das heißt für sie nicht, daß sie in seiner Begleitung nur nett lächelt und sich herumschubsen läßt. Beispiel: Aznar und seine Frau wurden nach Davos zu einer Internationalen Konferenz eingeladen, bei der die Regierungschefs zum Erfahrungsaustausch an einem Tisch sitzen sollten. Für die Damen war derweil in einem anderen Saal ein Plauderstündchen vorgesehen. Als Ana Botella von dieser Trennung erfuhr, erklärte sie dem Organisator, daß sie das nicht in Ordnung fände. Es dauerte nur ein paar Minuten, bis die neue Tischordnung erstellt war und das spanische Ehepaar nebeneinander sitzen konnte.

Nach knapp drei Jahren ist Ana Botella sehr zufrieden mit der Arbeit ihres Mannes: Sie teilt die Philosophie der Regierung und freut sich, daß zwischen den Ministern ein offener, dialog-orientierter Stil herrscht. Und auch das Verhältnis zu den anderen europäischen Staaten ist freundschaftlich. Zwischen Weihnachten und Silvester im letzten Jahr trafen sich die Aznars mit den Schröders an deren Urlaubsort an der Costa del Sol. Ein rein privates Abendessen in einem feinen Restaurant am Meer. Gerhard Schröder scherzhaft: »Es waren schöne Stunden, und ich kann es kaum glauben: Aznar hat das Essen sogar bezahlt.« Die beiden

Regierungschefs verstehen sich blendend, telefonieren regelmäßig miteinander. Ebenso die Frauen. Ana Botella: »Wir haben ein paar lockere, amüsante Stunden zusammen verbracht. Auch Herr Schröder lobte die aufopfernde Arbeit von José. Und ich weiß, daß mein Mann nicht ein einziges Mal gegen seine Überzeugung gehandelt hat. Eine Regierung muß das tun, was im jeweiligen Moment angemessen ist. Diese Regierung hat Dinge getan, die man nicht für möglich gehalten hat. Ein Rentner muß jetzt nicht mehr glauben, daß die »Partido Popular« ihm etwas wegnimmt oder daß sich seine Situation verschlechtert, wenn die »PP« die Macht besitzt. Wir alle können stolz sein auf das Geleistete. Ich glaube, José María hat einen maßgeblichen Anteil daran, daß es mit Spanien aufwärts geht.«

Ana Botella wird in der Öffentlichkeit immer häufiger mit Hillary Clinton und Cherie Blair verglichen. Wie ihre Kolleginnen spricht die First Lady gern über das neue Image der modernen Frau, zu der sie sich selbst zählt: »In unserer Generation ist es normal, daß die Frau mitarbeitet, und der Mann sieht sich heute oft mit einer Frau konfrontiert, die ihm ebenbürtig ist. Dennoch erwartet die Gesellschaft, daß alles Weitere funktioniert – der Haushalt, die Kindererziehung. Trotzdem, es tut sich was. Immer häufiger gelingt es den Frauen, ihre Rechte durchzusetzen und den Männern Zugeständnisse abzutrotzen. Wir wollen Gleichheit zwischen Männern und Frauen auf der Führungsebene in Wirtschaft und Verwaltung erreichen.« Und »Aznars Hillary« (El País) fügt hinzu: »Unsere Generation hat es am schwersten. Schon die Frauen um die 30 leben ganz anders als die heute Mittvierzigerinnen. Diese Entwicklung macht Mut, und ich werde hart dafür kämpfen, daß es auf dem eingeschlagenen Weg zügig weitergeht. Die Machos mit ihren mittelalterlichen Vorurteilen haben keine Chance mehr.«

Auch in der Liebe werden in Spanien die Karten neu gemischt. »Es ist nicht wichtig, ob der Mann oder die Frau die Initiative in der Liebe ergreift«, sagt Ana Botella. »Das kommt immer auf den

Moment und auf das Paar an. Ganz wichtig ist der Faktor Überraschung. Ein feste Rolle zu haben, ist einfach schrecklich.«

Offen gesteht die First Lady, daß sie bislang keine so ernste Ehekrise mit José María Aznar erlebt habe, daß sie an Trennung beziehungsweise Scheidung gedacht hätte. Selbst wenn sie feststellen müßte, daß ihr Mann ein Verhältnis gehabt hätte, würde sie sich höchstens trennen, aber niemals scheiden lassen. »Ich fühle mich in diesem Punkt der katholischen Kirche sehr verbunden.«

Und auch zum Thema Eifersucht plaudert die Präsidentengattin aus dem Nähkästchen: »Ich bin eine besitzergreifende Frau. Als José anfing, sich der Politik zu widmen, wußte ich nicht, wie dieses neue Leben sein würde, wie oft ich allein sein würde. Doch ich habe wohl intuitiv gewußt, daß ich mich daran gewöhnen würde. Aber es hätte auch anders kommen können. Ich habe schließlich keinen Politiker geheiratet, sondern einen angehenden Finanzinspektor. Alles ist gut gegangen, und wir haben uns an dieses Leben in der Öffentlichkeit gewöhnt, vor allem deshalb, weil José innerhalb seines politischen Lebens eine Reihe von Grenzen im Sinne der Familie festgelegt hat. Ich habe ihm klargemacht, daß ich nicht bereit bin, ein schlechtes Leben nur im Namen der Politik zu führen. Wir waren uns einig, wäre er nicht zum Regierungspräsidenten von Castilla y León gewählt worden, dann hätte er die Politik verlassen. Aber um noch einmal auf die Eifersucht zurückzukommen: Ich finde, mein Mann hat mir nie einen Anlaß gegeben. Die Treue ist einer der wichtigsten Bausteine unserer Ehe. Sollte jemals ein Seitensprung passieren, dann würde ich das überwinden, aber es wäre fortan eine andere Beziehung.«

Ana Botella ist fest davon überzeugt, daß Männer und Frauen grundverschieden sind. Ihrer Ansicht nach haben Frauen einen größeren Informationsbedarf. Zum Beispiel möchten sie gern wissen, was im Gefühlsleben des Mannes so alles passiert, aber nicht aus Eifersucht, sondern einfach, um ihn besser zu verstehen. Außerdem glaubt die First Lady, daß Männer viel mehr mit sich selbst beschäftigt sind als Frauen. »Ich frage José gern Löcher in den Bauch. Er mag das gar nicht. Ich kenne keinen Mann, der es nicht genießt, daß die Frauen ihn anhimmeln und toll finden. Sie wollen bewundert werden, weil sie meist sehr eitel sind. Dehalb haben die Frauen so viel Erfolg, die immer den Männern das Gefühl geben, sie seien toll, stark und unvergleichbar.«[14]

Bilanz nach 21 Jahren Ehe: Sie ist für beide bislang fruchtbar und bereichernd gewesen. »Die Jahre mit José haben mir vieles gebracht, vor allem eine große Gelassenheit«, gesteht Ana Botella. »Ich hatte früher manchmal eine ziemlich negative Lebenseinstellung. José dagegen ist immer positiv eingestellt. Er ist ein Kopf- und kein Bauchmensch, hat mir gezeigt, die Dinge mit mehr Abstand zu sehen. Keiner kann sich vorstellen, welch tiefen Sinn für Humor er hat. Und er kann sehr feinsinnig und ironisch sein. Ich mag seine Zwischentöne. José geht sehr respektvoll mit allen Menschen um. Und besonders mit den Menschen, die er liebt, seiner Familie zum Beispiel, da ist er sehr tolerant. Das Zusammenleben mit ihm ist einfach und angenehm.« Und José María Aznar sagt nach 21 Jahren Ehe: »Was muß ich toll sein, daß eine so wundervolle Frau mich liebt. Jeden Tag macht sie mich zum glücklichsten Mann auf dieser Erde.«

Zukunft: »Ich liebe meinen Mann. Als ich ihn heiratete, habe ich beschlossen, alles bis zum Lebensende mit ihm zu teilen. Wirklich alles, voll und ganz. Wäre er Ingenieur oder Musiker gewesen, hätte ich mich dafür interessiert, nicht um darin Karriere zu machen, sondern um ihn darin zu begleiten. Ich habe aus Liebe darauf verzichtet, mich stärker im Berufsleben zu engagieren. Aber ich bereue nichts, ich würde es wieder genauso machen. Ich finde, daß unsere Ehe zunehmend besser funktioniert. Und die Leidenschaft nimmt keineswegs ab. Das ist völliger Unsinn. Wenn die Beziehung wächst und sich entwickelt, steigert sie sogar die Leidenschaft, denn als

Frischverliebte kennt man den anderen kaum. Alles, was er tut, interessiert mich. Das wird sich auch in Zukunft nicht ändern. Ich glaube, vor uns liegen noch viele glückliche Jahre.«

Anmerkungen:

1 »Focus« vom 25. August 1997
2 »La Tribuna« vom 19. Oktober 1997
3 »Ana Botella« – Biographie Nov. 1996
4 »Merian«-Heft vom März 1990
5 »El Mundo« vom 2. Mai 1997
6 »El Siglo« vom 21. September 1998
7 »Berliner Zeitung« vom 6. Mai 1997
8 »La Vanguardia« vom 19. März 1998
9 »El Mundo« vom 16. November 1997
10 »La Tribuna« vom 9. Januar 1992
11 »The Independant« vom 21. April 1995
12 »Focus« vom 11. März 1996
13 »El Mundo« vom 11. Mai 1996
14 »La Tribuna« vom 29. Oktober 1997

Deutschland

Doris Schröder-Köpf, Deutschlands First Lady – in allen Lebenslagen eine wichtige Beraterin ihres Mannes

Nur langsam ändert sich das Image der vierten Ehefrau von Gerhard Schröder. Die Boulevardpresse geht nicht gerade zimperlich mit ihr um, bezeichnet Doris Schröder-Köpf als »dummes Blondchen« und als die »Inkarnation des braven Mädchens«. Eine Frauenzeitschrift attestiert ihr die Ausstrahlung einer 20-Watt-Birne. Immer noch wird sie mit der Ehefrau Nr. 3 des Bundeskanzlers verglichen: der ebenso resoluten wie politisch aktiven »Hillu« Schröder. Die 35jährige zierliche Bayerin nimmt die Anfeindungen gelassen. Die ausländische Presse dagegen hat die deutsche First Lady längst in ihr Herz geschlossen, greift zu Superlativen. »Paris Match« bezeichnet die frühere Magazin-Journalistin als »Deutschlands Charme der Stunde«. Und die »Financial Times« charakterisiert die Mutter einer Tochter als »neues Sinnbild deutscher Weiblichkeit«.

Doris Schröder-Köpf

»Her mit dem Schwein, dem ganzen Schwein«, grölen die sieben Gäste im Tagmersheimer Gasthof Ringhut. Dabei haut die Stammtischrunde mit der flachen Hand rhythmisch auf den blankgescheuerten Holztisch und fordert eine weitere Lage Bier. »Ja, ja, ich zahl ja schon«, sagt Alois Baur leicht genervt, als die Männer immer wieder die Wettschuld einfordern. Sie resultiert aus einer Bierlaune zu vorgerückter Stunde. Alois Baur hat ein Schwein versprochen, wenn Doris Köpf Deutschlands First Lady wird. In dem bayerisch-schwäbischen Dorf, in dem seine Nichte ihre Jugend verbrachte und wo jeder sie kennt, wurde am 27. September 1998 nicht der Bundeskanzler, sondern die »Bundeskanzlerin« gewählt. 49 Prozent entschieden sich für Doris Köpf und 41 Prozent für Hannelore Kohl. Das ist in einer von der CSU dominierten Landschaft ziemlich einmalig. »Das süße Dirndl war immer schon ein eigener Kopf«, sagt Onkel Alois. »Die kleine Doris ist zäh und ehrgeizig, wird noch für einige Überraschungen sorgen.«[1]

Zwei Tage später gibt's Schwein satt, und plötzlich tauchen auch die Tagmersheimer in der gemütlichen Kneipe auf, die sonst nur bei Geburts- und Hochzeitstagen den Weg hierher finden.

Tagmersheim liegt im Landkreis Donau-Ries. Die 1 100 Bürger wohnen in kleinen, schön hergerichteten Häusern mit großem Garten. Mit fast allen ist Doris Köpf irgendwie verwandt. Viel Industrie gibt es in dieser von den Wirtschaftszentren weit entfernten Region nicht. Die meisten sind Landwirte, Elektriker und Maurer, Verkäuferinnen und Hausfrauen, wählen seit vielen Jahren CSU. Die älteren Semester haben schon Franz-Josef Strauß hoch verehrt: »Gott hab ihn selig!« Den Dorfkern bilden eine katholische Kirche und ein kleiner Marktplatz. Ein paar Meter entfernt die Grundschule und der Dorfweiher. Das Lebensmittelgeschäft dient als Informationsbörse. Bei der letzten Bürgermeisterwahl gab es nur eine Kandidatin: Centa Büttner von der CSU. Der SPD-Ortsverein mit seinen 16 Mitgliedern schickte erst gar keinen Kandidaten ins Rennen. Jetzt ist alles anders: »Die Doris als First Lady. Das ist doch was«, schwärmt Gastwirt Wolfgang Ringhut. »Seit Monaten ist sie Tagesgespräch bei meiner Stammkundschaft.« Und stolz fügt das Tagmersheimer Urgestein hinzu: »Ich sammle alle Artikel, in denen von unserer Doris die Rede ist.«

Über die neue First Lady wird zur Zeit viel geschrieben. Spekulationen und Mutmaßungen füllen ganze Seiten. Auffällig ist, daß besonders Journalistinnen mit der Ehefrau von Bundeskanzler Gerhard Schröder hart ins Gericht gehen. Da erzielt Elke Heidenreich einen billigen Lacher in der »Harald Schmidt-Show« (SAT 1), als sie sich genüßlich über das Zahnfleisch von Doris Köpf ausläßt. Die Ikone der Frauensolidarität Alice Schwarzer charakterisiert sie, ohne jemals mit ihr gesprochen zu haben, in dem Klatschblatt »Bunte« als eine »bewundernde junge Frau, die allemal bequemer sei als ein wissendes Gegenüber«. Doris Köpf war richtig sauer über diese Verunglimpfung, hat die Autorin angerufen und ihr gesagt, daß sie solch eine Behauptung als »in hohem Maße frauenfeindlich empfinde«. Die Herausgeberin von »Emma« entschuldigte sich für den verbalen Stutenbiß und bot ihr die Mitarbeit in ihrem Blatt an. Das aber hat Doris Köpf abgelehnt.

»Spatz'l hat es schwer, für voll genommen zu werden. Mächtig an Doris Köpf ist nur ihre Aktentasche. So eine sanfte Taube unterschätzt man leicht«, schrieb die Illustrierte »Stern«. Das österreichische Wochenmagazin »News« schlußfolgert: »Doris Köpf wirkt wie die Inkarnation des braven Mädchens, das lieb lächelt und bestimmt in den Himmel kommt.« Und eine Journalistin von der Frauenzeitschrift »Petra« versprüht Gift und Galle: »Wer von seinen Eltern Doris genannt wird und in einem Kuhdorf zur Welt kommt, ist eigentlich gestraft genug. Doris Köpf hat die Ausstrahlung einer 20-Watt-Birne. Gerd hätte sich auch eine Barbiepuppe an die Seite stellen können.«

Viele Monate muß Doris Köpf als mediales Häme-Opfer herhalten. Vielleicht ziehen Kolleginnen und Kollegen über sie her, weil sie selbst Journalisten sind. Vielleicht ist aber auch Mißgunst und Neid im Spiel. Die Vorurteile schwanken zwischen blondem Dummchen und berechnender Karrieristin. Blond, blauäugig und blöd – auf diese drei B reduziert sich das öffentliche Bild von Doris Köpf.[2]

Die Ressentiments rühren aus der Zeit, als sich Gerhard Schröder von seiner dritten Frau Hiltrud Schröder (geb. Hampel) scheiden ließ. Die Presse hat nichts Besseres zu tun, als eine Konkurrenz-Geschichte zwischen der Ex und der Neuen zu konstruieren. Auf der einen Seite ist die verlassene »Hillu« Schröder, 49, klug, kritisch, streitbar, moralisch und ehrgeizig. Auf der anderen Seite ist Doris Köpf, 35, die »schnucklige Blondine« (Kölner Stadtanzeiger), die auf »rührend altmodische Weise das Wohl ihres Mannes im Auge hat« (Stuttgarter Nachrichten). Wochenlang blockiert der Promi-Streit die Klatschspalten. »Frau Hiltrud Schröder zeige wenig Größe«, urteilt Karin Waigel, die Ex-Frau des Ex-Bundesfinanzministers und damit Leidensgefährtin, »scheint sich maßlos zu überschätzen.« Und andere artikulieren Empörung über den damaligen niedersächsischen Ministerpräsidenten Gerhard Schröder. Sie plädieren bei dem dreimal geschiedenen Politiker für eine neue Definition der Gürtellinie, setzen fleischliche Verfehlung mit politischem Verrat gleich. Ganze Container voll Schmutzwäsche werden gewaschen. Die Betroffenen bekämpfen sich bis aufs Messer. Sie teilt aus im Magazin der »Süddeutschen Zeitung«, er keilt zurück im »Stern«. Diese Auseinandersetzungen schaden ihm, anders als von Schröder selbst erwartet, bei den Wählern.

Lange Zeit noch war das Bild von »Super-Hillu« als zauberkundige Medea präsent, die sich politisch einmischte. Die Frau, die mit dem Satz »Ich würde mir auch die Kanzlerschaft zutrauen« für Aufregung und peinliche Klarstellung sorgte. Beinahe wäre sie First

Lady geworden. Heute übt sie sich in Bescheidenheit und Zynismus. »Für mich ist eine ganze Welt zusammengebrochen, das war schrecklich, aber mir ist in den letzten Monaten klargeworden, was für ein Glück im Unglück ich hatte. Ich muß das alles nicht mehr mitmachen, muß nicht auf dem Presseball fotografiert werden. Ich brauche mir nicht zu überlegen, was für ein Kleid zieh ich jetzt an, wann trete ich als rote Lackschnitte auf, wann als grünes Äpfelchen.«[3]

Verglichen mit Gerhard Schröders resoluter Ehefrau Nr. 3 mutierte Ehefrau Nr. 4 schnell zum »Mäuschen an seiner Seite« (Gala). Doris Köpf bevorzugt die klassische Doppelrolle. Sie gibt in der Öffentlichkeit die bewundernde Gattin, übt im Privaten jedoch durchaus ihren Einfluß aus. Wie die First Ladies aus Spanien, England, Polen, Tschechien begnügt sie sich nicht mit der Rolle der charmanten Botschafterin, die Tee serviert und Schulen besucht. Wie die Kolleginnen aus den anderen europäischen Ländern ist auch Doris Köpf in allen Lebenslagen eine wichtige Beraterin ihres Mannes. Die französische Illustrierte »Paris Match« bezeichnete die Kanzlergattin als »Deutschlands Charme der Stunde«. Die französische Autorin Liliane Gallifet erklärt: »Mit ihrem Lächeln, ihrer strahlenden Jugend und Natürlichkeit hat die Journalistin eine wesentliche Rolle während des Wahlkampfes gespielt und ist an dem Sieg nicht ganz unbeteiligt.«

Doris Köpf ist nicht der Typ, der neben ihm stark, sondern für ihn schwach wird. Sie streichelt sein Ego, verleiht ihm ein jugendliches Image. Sie verspricht Ehe light statt Eheleid.[4] Und die First Lady hat eine Entscheidung getroffen: »Ich werde mich politisch nicht öffentlich äußern, weder heute noch morgen«, sagt die Journalistin und fügt bescheiden hinzu: »Ich muß meinen Weg noch finden.«

An Ehrgeiz und Engagement hat es Doris Köpf noch nie gemangelt. Die Tochter eines Werkzeugmachers und einer Hausfrau, geboren am 5. August 1963 in Neuburg/Donau, kommt aus kleinen Verhältnissen. Das blonde Mädchen, aufgewachsen in Tagmersheim, nimmt früh schon sein Leben in die Hand und legt sich als lebenslustiger Teenager oft mit dem konservativen Vater an. Devise der Eltern: »Nie dienern, sondern stolz sein. Aber nicht überheblich.«[5] Das Motto ist der Tochter in Fleisch und Blut übergegangen. Ebenso wie die Erkenntnis »Das Leben ist ein Kampf«. Mit elf Jahren kommt Doris ins Klosterinternat »Buonaventura« bei Dillingen, weil ihr die langen Busfahrten von Tagmersheim bis zur nächsten Schule nicht zuzumuten sind. Sie wird von Franziskanerinnen erzogen. Die Nonnen haben ihre liebe Müh mit dem »Wildfang«. Sie und ihr Bruder Alfred dürfen das Gymnasium besuchen. Mit 16 entdeckt Doris den Spaß am Journalismus. Sie schreibt erste Artikel für das Heimatblatt »Donau Zeitung«, berichtet über Jugendgruppen, Kleintierzüchter und Schützenfeste. Die »Werke« werden auf Papier geklebt und abgeheftet. Nach dem Abitur will sie Politik und Theaterwissenschaften studieren, aber es fehlt an Geld. Sie volontiert bei der Tageszeitung »Augsburger Allgemeine«. Siebzig Kilometer weg von Mutter, Vater und Storchenbäumen. Sie leistet sich ihre erste kleine Wohnung. An Wochenenden wird bis zum »Abwinken« in der Disko getanzt. Im Vergleich zur ländlichen Idylle Tagmersheim ist Augsburg für Doris Köpf eine »Weltstadt«, in der »das Leben pulsiert, die Lichter nicht ausgehen. Meine Sturm- und Drangzeit«.

»Sie wußte damals schon sehr genau, was sie wollte«, sagt ein Ressortleiter der »Augsburger Allgemeinen«. Als sie die Redaktion in Richtung Bonn verläßt, schenkt ihr ein Kollege eine Leiter – als Sinnbild für Karriere.[6] Im Korrespondentenbüro der »Bild«-Zeitung schreibt sie über das politische Tagesgeschehen. Sie kennt sich aus, recherchiert sorgfältig, liefert solide Arbeit. Später jobbt sie in der gleichen Funktion für den »Kölner Express«. Mit 23 Jahren ist Doris Köpf in dieser Zeit jüngstes Mitglied der Bundespressekonferenz, des Eliteclubs des deutschen Polit-Journalismus. Wer diesem erbarmungslosen Milieu des ständigen Wettbewerbs standhält, ist auch für härtere Aufgaben gewappnet. Unter den Kollegen ist sie anfänglich das »Landei«, später »die Kleine«: 1,61 Meter groß, 45 Kilo leicht, himmelblaue Augen, Klein-Mädchen-Stimme mit dem rollenden R.

Die Kleinen sind bekanntlich Kämpfernaturen. »Wenn man klein, blond und zart ist, erfährt man im Journalismus alle Vorteile, aber auch Nachteile«, sagt die ehrgeizige Reporterin. Knapp ein Jahr dauert es, bis sie sich im Bonner Haifischbecken durchgesetzt hat. Kollegen, denen die junge Frau im Beruf begegnete, sprechen mit einer Mischung aus Anerkennung und Staunen über die hartnäckige und wohlüberlegte Art ihres Auftretens, die so gar nicht mit ihrer zarten Ausstrahlung in Einklang zu bringen war. »Mir ist sie durch pfiffige Fragen aufgefallen«, erinnert sich Friedemann Weckbach-Mara, damals Redakteur des »Kölner Express«. Er holte sie deshalb zu sich in die Redaktion: »Sie war zielstrebig, fleißig und hat gut recherchiert.«

Schon früh registrierten die Polit-Profis der schreibenden Zunft Doris Köpfs Widerspruch zwischen Temperament und Erscheinungsbild. Starker Wille, überraschende Zähigkeit – verpackt in ein zartes, unscheinbares Persönchen, das nicht auffällt. Sie kommt beruflich niemandem in die Quere, wartet ab, statt zu handeln, lächelt, statt viel zu reden. Erst wer Doris Köpf näher kennenlernt, spürt: Sie hat ein enormes Durchsetzungsvermögen. Hitzige Diskussionen sind ihre Sache nicht. Ihre Stärke liegt darin, eine wohlige Atmosphäre zu schaffen, dem Gesprächspartner das Gefühl zu geben, er könne sich zurücklehnen, ohne Angst haben zu müssen, angegriffen zu werden.[7]

Anfang 1990 verliebt sich das »charmante Engelchen« (Münchner Abendzeitung) in den erfolgreichen ARD-Moderator Sven Kuntze (WDR-Talkshow). Plötzlich ist privates Glück wichtiger als beruflicher Ehrgeiz. Sie folgt dem 18 Jahre älteren Mann nach New York, spielt die Vorzeigefrau. So richtig wohl aber fühlt sie sich nicht in dieser Rolle: »Die New Yorker sind schnell und witzig. Ich konnte da nicht mithalten. Ich hatte die Bücher nicht gelesen, die Filme nicht gesehen, ich war nicht sophisticated.«[8] Ein halbes Jahr lang arbeitet Doris Köpf ehrenamtlich im Sterbehospiz für Aidskranke, reicht den Todgeweihten das Essen und lenkt sie mit Gesellschaftsspielen von ihrer Verzweiflung ab.

Dann wird sie schwanger. Die Beziehung scheitert. Irgendwo zwischen Hudson River und World Trade Center bleibt die Liebe auf der Strecke. Irgendwie ist die Balance zwischen Beruf und Privatleben in die Schieflage geraten. Mit ihrer einjährigen Tochter Klara kehrt Doris Köpf 1992 nach Deutschland zurück. Privates Chaos, beruflicher Neubeginn. Die 29jährige steht vor einem Scherbenhaufen. Nach einer kurzen Stippvisite bei der katholischen Zeitschrift »Weltbild« in Augsburg heuert sie in München bei dem Nachrichtenmagazin »Focus« an. Die Arbeit dort empfindet sie als »sehr spannend« und »sehr stressig«. Fünf Jahre bleibt die Journalistin bei dem Nachrichtenmagazin, ackert meist bis zu 14 Stunden am Tag. Die Mutter übernimmt nicht selten den Job des Babysitters. Doris Köpf fährt, so oft es die Zeit zuläßt, von München nach Tagmersheim: 240 Kilometer hin und zurück. »Ich bin stolz, daß ich als alleinerziehende Frau meinen Beruf so gut gepackt habe und meiner Tochter viel Stabilität geben konnte. Ich habe immer mein eigenes Geld verdient.«

Im November 1995 berichtet die »zuverlässige Kraft mit Hintergrundwissen« (Focus) vom Mannheimer Parteitag der SPD. Die Veranstaltung fällt ihr viel zu laut und krawallig aus. Sie stört sich nicht daran, *was* Schröder sagt, sondern *wie* er es sagt. Diese Einschätzung reibt Doris Köpf dem Shooting-Star unter die Nase. Der sendungsbewußte Politiker hat sich die Schelte angehört und sich für seine Verhältnisse viel Zeit genommen, um sie zu überzeugen, »daß er doch nicht so ein übler Kerl sei«. Eine flüchtige Begegnung, aber der Name Köpf hatte sich in seinem Kopf festgesetzt. Am 4. Januar 1996 treffen sich die beiden zu vorgerückter Stunde zufällig in der Lobby des Hotels »Frankfurter Hof« in der Main-

Metropole. Er kommt von der ZDF-Talkshow »Live aus der Alten Oper«, sie hat über die hessische SPD recherchiert. Der Politiker und die Journalistin setzen sich in der äußersten Ecke der Hotelbar zusammen und reden bis spät in die Nacht. Zwei Monate später, im März 1996, das erste halboffizielle Foto: Beim Besuch auf der norwegischen Bohrinsel »Sleipner A« – 270 Kilometer westlich von Stavanger. Sie ist mit ein paar Journalisten dabei. Er läßt sich über Erdgasförderung informieren, sie steht hinter ihm und notiert seine Fragen und Antworten.[9]

Auf dem Rückflug im Helikopter versteckt das junge Paar seine Zuneigung nicht länger. Beide tuscheln, kichern wie Teenager. Die Journalisten und mitgereisten Politiker trauen ihren Augen nicht. Gerüchte kursieren. Als Schröder nachts nach Immensen bei Hannover zurückkehrt, gesteht er seiner Frau »Hillu« die Affäre mit Doris Köpf. Das Leben mit seiner fordernden, ewig kämpferischen Frau ist ihm von einem Moment auf den anderen zuviel geworden. Ihre Rigorosität ist ihm plötzlich nicht mehr erträglich. Er will nicht mehr jeden Morgen den Befehl erhalten, die Welt in Ordnung zu bringen. Er möchte keine Kritik mehr hören an seinem laschen Verhalten gegenüber bedrohten Fledermäusen in der Nachbarschaft, bedrohten Raben auf bedrohten Feuchtwiesen. Tief verletzt setzt sie ihn nach 16 Jahren Gemeinsamkeit vor die Tür. Zurück bleibt Wut. Die Presse strapaziert das Wort »Midlife-crisis«. Das Klischee ist perfekt: Älterer Mann trennt sich von seiner anstrengenden Gattin und sucht Trost und Anerkennung bei einer knapp 20 Jahre jüngeren Frau. Die Ehe der »Clintons von der Leine« ist geplatzt. In seinem aus Sparsamkeitsgründen nachts ungeheizten Amtszimmer in der hannoverschen Staatskanzlei muß der Politiker mehrere Stunden ausharren, bis er bei einem Freund Unterschlupf findet. Später zieht Schröder ins Gästehaus der Landesregierung und dann in eine Einliegerwohnung bei seinem Anwaltsfreund Götz von Fromberg. Gerhard Schröder: »Ich kann nicht über längere Zeit betrügen.«[10]

Vorbei die Zeiten, in denen »Hillu« verkündet: »Wir wollen Kanzler werden«, in denen sie zusammen mit ihrem Mann von Wahlplakaten lächelt. Vorbei die Zeiten, in denen sie selbstbewußt tönt: »Wenn mein Mann mich betrügt, wären die Auswirkungen für ihn verheerend. Ich denke, ich habe eine Menge zu bieten – und das muß reichen.« Mit einer dünnen Fünfzeilenmeldung beginnt, was im deutschen Journalismus mit der Vokabel »Rosenkrieg« umschrieben wird. Und mittendrin als Spielball: Doris Köpf.

Von einem Tag auf den anderen stehen Gerhard Schröder und seine Neue im Mittelpunkt des Medien-Interesses. Morddrohungen habe sie erhalten in jener Zeit, sagt die Journalistin, und jede Menge anonymer Briefe. In der Burda-Kantine raunzt sie ein Chefredakteur an: »Tu mit Schröder, was du willst, aber mach mir das Traumpaar nicht kaputt.«

»Meine Mutter mußte sich sogar eine neue Telefonnummer zulegen«, erzählt Doris Köpf. Sie bekommt Ablehnung zu spüren. Wo früher ein netter Plausch auf dem Flur möglich war, herrscht jetzt Schweigen. Die Kollegen kürzen sie in ihrer Berichterstattung um kostbare neun Zentimeter auf 1,52 m. Oder sie überliefern die Mär, sie habe Gerhard Schröder das Märchen »Der kleine Prinz« von Antoine de Saint-Exupéry geschenkt, obwohl es in Wirklichkeit Gedichte von Rainer Maria Rilke waren.

Später versucht sich Doris Köpf gegen eine Karikatur im Männer-Magazin »Penthouse« zu wehren. Sie beantragt eine einstweilige Verfügung gegen die Verbreitung einer Zeichnung, die sie mit völlig verzerrtem Gesicht zeigt. Ohne Erfolg!

Das Leben wird härter, die Luft dünner. Plötzlich sind überall Fernsehkameras und Reporter. Aus der »zierlichen Kleinen«, die einst im Journalisten-Pulk den Großen hinterherjagte, ist über Nacht die »zierliche Große« geworden. Nun gibt es nichts mehr zu verheimlichen. Die Beziehung entwickelt ihre Eigendynamik. Der SPD-Mann Schröder nimmt plötzlich Einladungen zu Dorf-Veranstaltungen an, trifft sich gar mit dem bayerischen Ministerpräsidenten Edmund Stoiber zum Gedankenaustausch in Münchens »Weißem Bräuhaus«. Immer häufiger pendeln Doris Köpf und Gerhard Schröder zwischen Hannover und München. Dort wartet sie in einem diskret-romantischen Domizil. Die Presse ist überall. Manchmal werden sie von einem Dutzend Paparazzi gejagt, manchmal klingeln Journalisten die beiden in aller Herrgottsfrühe aus dem Bett. Gerhard Schröder gibt zu Protokoll: »Ich wechsle alle zwölf Jahre, dazwischen bin ich treu.« Die Freundin antwortet schlagfertig: »Das nächste Mal brauchst du jemanden, der dich im Rollstuhl schiebt«.[11]

Ein paar Wochen später packt Doris Köpf die Koffer, verläßt ihre bayerische Heimat in Richtung Niedersachsen. So, wie sie vor neun Jahren ihrer ersten großen Liebe nach New York folgte, gibt sie jetzt ihren Job bei »Focus« auf. Der Umzugstermin ist mit Bedacht gewählt, damit Tochter Klara zu Hause in München den Kindergarten abschließen kann und rechtzeitig zum Schulbeginn in Hannover ist. Daß sich »Würmchen« mit Gerhard Schröder auf Anhieb versteht, weiß die Mutter als besonderen Glücksfall zu schätzen: »Das ist wie ein doppelter Sechser im Lotto.« Die neue Familie plus Kater »Schnurri« bezieht eine 90 Quadratmeter große Dreizimmer-Dachgeschoßwohnung in der »Südstadt«. Fünf Treppen, kein Fahrstuhl. Eine Putzfrau kommt zweimal die Woche. Am Wochenende, wenn der »pflegeleichte Ehemann« zu Hause ist, kocht Doris Schweinebraten oder etwas, das sich wieder aufwärmen läßt. Zweimal dasselbe Essen ist für Gerhard Schröder kein Problem. Vorbei ist die fleischlose Zeit mit der überzeugten Vegetarierin »Hillu«. Jetzt sind Steaks und Würstchen wieder erlaubt. Alkohol vor 18 Uhr dagegen ist tabu. Gespräche am Küchentisch werden schnell zum Ritual. Beim Thema der wirtschaftlichen Modernisierung der SPD sind sie unterschiedlicher Meinung, aber ansonsten versprüht das Paar Harmonie pur! Er gibt viel Geld für Rosen aus, sie serviert Bordeaux-Wein.

Erste Liebeserklärungen machen die Runde, finden reißenden Absatz, bieten Spielraum für Interpretationen.

»Es war Liebe auf den 20. und 50. Blick«, weiß Doris Köpf. »Ich habe nie zuvor einen Menschen getroffen, auf dessen Wort ich mich so verlassen kann. Hinzu kommt, daß Gerd über viel menschliche Wärme verfügt.« Und der Politiker schwärmt: »Die Form von Aufgehobensein, die ich bei Doris finde, ist enorm hilfreich. Wenn man jemand hat, der die Bedingungen des Berufes versteht, ist das ein großes persönliches Glück. Und das erlebe ich jetzt.«

Presse-Futter für mehrere Wochen. Von Ehefrau Nummer 3 spricht kaum noch jemand. Die Sensationspresse hat ein neues Opfer. Im Winter 1996 erscheinen »Hillu« Schröders Erinnerungen, in denen sie von sich erzählt, von der Hilfe für die Opfer der Atomkatastrophe in Tschernobyl und über ihre gescheiterte Ehe: »Doch von uns beiden verlierst du mehr als ich«, zitiert sie darin ihr Lieblingsgedicht des Theologen Ernesto Cardenal, »weil ich andere lieben kann, wie ich dich liebte. Aber dich wird niemand mehr so lieben wie ich.« Doris Köpf kontert nach der Lektüre des Buches im Freundeskreis mit ihrem Lieblingsgedicht. Und das ist von Bertolt Brecht: »Bitte liebe mich nicht so sehr. Als ich das letzte Mal so geliebt wurde, erhielt ich die ganze Zeit über nicht die kleinste Freundlichkeit.«

In Hannover besorgt sich Doris Köpf Arbeit. Als freie Mitarbeiterin des Privatsenders »Antenne Niedersachen« bereitet sie Interviews und Hintergrundberichte für das Morgenmagazin vor. Nachmittags holt sie Klara von der Schule ab, arbeitet oft noch zu Hause weiter und sorgt dafür, daß für Gerd der Kühlschrank stets voll ist, wenn er um Mitternacht oder später erschöpft nach Hause kommt. Ihre Haltung zum Berufsleben bezeichnet sie als pragmatisch-lösungsorientiert: »Ich entscheide mich dann, wenn Entscheidungen anstehen. Eine festen Lebensplan habe ich nicht.«[12]

Später tritt sie offiziell als Beraterin in das Wahlkampfteam des Kanzlerkandidaten ein. Eine ehrenamtliche Funktion. Geld gibt's dafür nicht. Doris Köpf, seit fünf Jahren SPD-Mitglied, wertet die internationale Presse aus, liest in Absprache mit anderen

Erster Arbeitstag von Doris Köpf beim Privatsender »Antenne Niedersachsen« am 1. Oktober 1997

Mitarbeitern die Manuskripte des Spitzenpolitikers, läßt gelegentlich »ein bißchen mehr Herz« in seine Reden einfließen. Schröder: »Meine Frau ist mein bester Mann.«

Nur einmal kam es seit dem Frontenwechsel von der Journalistin zur Wahlkampfhelferin zu Irritationen. Bei offiziellen Terminen steht sie anfangs, der alten Gewohnheit folgend, unter den Journalisten, nicht bei der Prominenz. Auf dem Leipziger SPD-Parteitag läßt sie sich von den scheinbar unverfänglichen Fragen eines türkischen Reporters animieren, Unverständnis über die Türkei-Politik der EU zu äußern. Schon ist das Malheur passiert.[13] Der Kollege von »Milliyet« vermarktet den Plausch mit der Kandidaten-Gattin als Exklusiv-Story. Wie ihr Mann sei sie der Auffassung, so der am Bosporus vielbeachtete Bericht, daß Deutschland bei der EU-Entscheidung gegen die Aufnahme der Türkei einen Fehler gemacht habe. »Kritik an Türkei-Politik der Regierung«, meldet die »Berliner Zeitung«. »Ganz so habe ich es zwar nicht gesagt«, so

Doris Köpf gibt ihren Job bei »Antenne Niedersachsen« am 3. März 1998 auf, um ihren Mann im Wahlkampf zu unterstützen.

Köpf, »aber in der Sache habe ich nichts zurückzunehmen.« Passiert war, was nicht passieren sollte. Die Gattin hat sich in die Politik eingemischt. SPD-Sprecher Michael Donnermeyer beeilt sich, das Interview als »Privatmeinung« von Doris Köpf einzustufen. In der zierlichen Person schlummere womöglich ein »Sicherheitsrisiko«, befürchtet Wahlkampfmanager Bodo Hombach. Nur Gerhard Schröder nimmt die Angelegenheit gelassen, bezeichnet seine Frau als »meine Außenministerin«. Der Ausrutscher bleibt folgenlos und gerät in Vergessenheit. Doch bei Doris Köpf hat er Spuren hinterlassen. »Niemand ist perfekt, jeder macht mal Fehler«, versucht sie sich zu rechtfertigen. Doch im Grunde genommen verzeiht sie sich den Patzer nicht. Sie fiel auf einen journalistischen Trick herein und versagte ausgerechnet dort, wo sie sich für ebenso professionell und qualifiziert hält »wie viele Männer in leitenden Positionen«.

Gerhard Schröder und Doris Köpf planen ihre Heirat noch vor Weihnachten 1997, nachdem Schröders Ehe am 25. September geschieden wurde.

Schnee von gestern. Der Niedersachse und die Bayerin sind ein gutes Team. Er genießt ihre ruhige Ausstrahlung und ihr Verständnis für seinen Job, sie lobt seine Kommunikationsfähigkeit, seinen Charme und sein Charisma. Die knapp 20 Jahre Altersunterschied bezeichnet sie später als Glück: »Wenn Gerd mal mit der Politik aufhört, dann bin ich immer noch jung genug, um in meinen Beruf zurückzukehren.« Doris Schröder-Köpf hatte immer schon ein Faible für ältere Männer. Mit Gleichaltrigen konnte sie nie etwas anfangen. Sie hält junge Männer für unreifer als junge Frauen und glaubt, daß sie für gleichaltrige Männer zu anstrengend ist: »Ich bin zu selbstbewußt, die halten das nicht aus.«

Mehr mag sie zu dem Thema nicht sagen, stellt aber klar, daß es sich bei ihr und Gerd »von Anfang an um eine ernsthafte Geschichte« gehandelt habe. Die zwei haben viele Gemeinsamkeiten.

Beide stammen aus bescheidenen Verhältnissen und sind stolz darauf. Beide starteten aus der Provinz in Richtung Bonn. Einziger Unterschied: Sie, die in ihrer Schulzeit Geigenunterricht hatte, spielt jetzt die zweite Geige. Er ist ein Machtmensch, der die erste Reihe sucht. Obwohl als Journalistin den Umgang mit Mächtigen gewöhnt, hat sich für Doris Köpf durch ihre Beziehung zu Gerhard Schröder eine neue Welt erschlossen. Wie im Schlaraffenland muß sie sich vorkommen. Sie, die Journalistin, wird jetzt von Politikern ins Vertrauen gezogen. Hört Dinge, die früher keineswegs für ihre Ohren bestimmt waren. Plötzlich ist sie die Tischdame von Gunter Sachs und Thomas Gottschalk, diniert mit Boris Becker und Udo Lindenberg, lächelt für die Fotografen mit Tony Blair und José María Aznar, diskutiert über erste First Lady-Erfahrungen mit Sylviane Jospin und Ana Botella.[14]

Nicht mehr dabei Hiltrud Schröder. Im September 1997 wird das »Traumpaar der deutschen Politik« in Hannover-Lehrte geschieden.

22 Tage später heiratet der niedersächsische Ministerpräsident seinen »Schatz« Doris Köpf in Hannover-Altstadt. Ein Happy-End, dessen Tempo allerdings nicht die Liebe, sondern politische Sachzwänge diktieren. Denn in Niedersachsen stehen Wahlen an, wenig später die Bundestagswahlen. Mitentscheidend für den Wahlausgang sind geordnete Verhältnisse im Haus des Landesfürsten. »Eine Frau«, sagen Werbestrategen, »bringt nicht genügend Stimmen, es sei denn, sie ist auch Gattin.« Das Paar beugt sich einer uralten Regel: Kein König ohne Königin.[15] Der Pakt heißt: Doris und Gerhard gegen den Rest der Welt.

Mit vier Eheschließungen und drei Scheidungen ist Gerhard Schröder gewissermaßen Rekordhalter unter den Spitzenpolitikern. Einige Journalisten versuchen ihm etwas Filouhaftes anzuhängen, versuchen ihm den Stempel »Frauenheld« aufzudrücken. »Das hat mich amüsiert«, sagt Doris Schröder. »Ich kannte das Leben einiger Leute, die Gerd kritisierten. Und ich dachte: Die haben wirklich nicht das moralische Recht dazu.« Einer Boulevardzeitung verrät sie zu diesem Thema folgendes: »Wenn jeder Politiker, der ein heimliches Verhältnis hat, zurücktreten müßte, gäbe es manchen Regierungschef nicht mehr. Es ist ein Zeichen von Mut, klare Entscheidungen zu treffen.« Die Biographen Volker Herres und Klaus Waller stellen fest, daß Schröder in seinen privaten Lebensentwürfen »immer geradeaus« gegangen ist: »Er ließ sich immer mit der gleichen Konsequenz scheiden, mit der er wieder heiratete.«

»Dieses schnelle Heiraten«, glaubt Klaus-Uwe Benneter, Schröders alter Juso-Kumpel, »kommt bei ihm aus dem Bedürfnis nach Sicherheit. Er will fest haben, was ihm lieb ist. Und er will das eigene Leben endlich gutbürgerlich und geordnet erscheinen lassen. Zumindest nach außen.«

Als ein »Spiegel«-Journalist ihn auf seine vier Ehen anspricht und ihn fragt: »Warum heiraten Sie immer gleich?«, antwortet Gerhard Schröder: »Das ist mein Ausdruck von Ernsthaftigkeit.«

Einen Spaß erlaubte sich vor ein paar Wochen Helmut Schmidt. Der Alt-Bundeskanzler verkündete auf der Feier zu seinem 80. Geburtstag, daß er bereits seit 56 Jahren mit seiner Ehefrau Loki verheiratet ist. Pause! Dann schaut er in die erlauchte Runde, fährt sich mit der linken Hand durchs graue Haar und meint süffisant lächelnd: »Daran sollten sich Gerhard Schröder und Oskar Lafontaine (Red.: zum dritten Mal verheiratet) mal ein Beispiel nehmen.« Das Publikum im Hamburger »Thalia Theater« begleitete diesen Seitenhieb mit viel Beifall.

17. Oktober 1997, Standesamt, 17 Uhr: Schlichtes Ambiente, kein Traualtar, kein Schreiberling, kein Fotograf. Bei seiner vierten Eheschließung setzt Gerhard Schröder ganz auf Diskretion. In der Partei sind nur die engsten Freunde eingeweiht, die Familie erfährt die Neuigkeit in allerletzter Minute, Bekannte erfahren von dem Schritt aus der Zeitung. Doris Köpf trägt einen schlichten anthrazitfarbenen Hosenanzug (615 Mark), Gerhard Schröder kommt in

einem englischen Einreiher von der Stange (750 Mark). Ihr Hochzeitsgeschenk. Herbstlich der Brautstrauß: Astern mit bunten Ahornblättern. Als Trauzeugen hat sich Schröder seinen besten Freund, Rechtsanwalt Götz von Fromberg, gewünscht. Seitens der Braut bezeugt Doris Köpfs Bruder Alfred, 32, Patentanwalt, die Ehe. Die Flitterwochen fallen aus. Vor den Landtagswahlen im März hat Schröder keinen freien Tag mehr.

Das Brautpaar tritt vor den Standesbeamten Claus Born, gibt einander mit fester Stimme das Jawort. Nach kurzer Ansprache und mit Gottes Segen tauschen die beiden schmale goldene Eheringe, die sie sieben Wochen zuvor in München gekauft haben. Ohne Gravur und Datum. Gerhard Schröder schenkt seiner Frau ein 100 Jahre altes Goldarmband aus Frankreich. Sie nennt sich ab jetzt Doris Schröder-Köpf, genau in dieser Reihenfolge. Gegen 18 Uhr bricht die Gesellschaft auf ins Restaurant »Buchholzer Windmühle«. Schröders Sekretärin Doris Scheibe hat dort einen Tisch im Hinterzimmer bestellt – angeblich für eine Geburtstagsfeier. Die Runde besteht aus Schröders Schwester Gunhild, 61, und seiner Mutter Erika, 84, sowie Doris Köpfs Mutter und Tochter Klara. Außerdem ist der Schröder-Vertraute Staatsminister Frank Steinmeyer mit Frau eingeladen. Das Hochzeitsmenü besteht aus Kartoffelsuppe und Entenbraten. Dazu Rotwein »Gündelsheimer Himmelreich«. Als Nachtisch gibt's Pflaumenkompott mit Walnuß-Eis.[16]

Weit weniger intim feiert das Paar Wochen später mit etwa 100 Gästen aus Politik, Wirtschaft, Kultur und Medien bis in den frühen Morgen. Eingeladen haben die Frischvermählten in das Seidler-Hotel »Grüner Pelikan« in der Podbielskystraße, Hannover. Es geht zu wie bei einer »Oscar«-Verleihung. Küßchen hier, Küßchen da. Promis und solche, die es gern werden möchten, üben sich im Smalltalk. Zum Essen werden Aalsuppe und Zander-Filet gereicht. Eine feste Sitzordnung im »Grünen Salon« ist nur für die

Gerhard Schröder und Doris Köpf am 19. Oktober 1997 – zwei Tage zuvor haben sie heimlich in kleinem Kreis geheiratet.

Schröders vorgesehen. Zu den Gästen plus Ehefrauen gehören unter anderem der VW-Vorstandsvorsitzende Ferdinand Piëch, der Daimler-Benz-Vorstandsvorsitzende Jürgen E. Schrempp, der »Tagesthemen«-Moderator Ulrich Wickert, Schröders Wahlkampfmanager Bodo Hombach sowie die Chefredakteure Manfred Bissinger (Die Woche), Werner Funk (Stern), inzwischen nicht mehr im Amt, und Helmut Markwort (Focus) mit seiner langjährigen Lebensgefährtin, der »Bunte«-Chefredakteurin Patricia Riekel.[17] Ihr Erscheinen ist nicht ganz unproblematisch, weil Doris Köpf sich über einen Bericht der »Bunten« mit dem Titel »Sein Sieg! Ihr Triumph über Hillu« maßlos geärgert hatte. Ähnlich wie über die unqualifizierte Bemerkung von Alice Schwarzer. Der Frust ist nur von kurzer Dauer. An solch einem festlichen Abend bleibt das Business vor der Tür.

Mittelpunkt des Abends: Hannovers »Hillary«. Sie gehört zu den Höflichen und Unauffälligen im Land. Mit 35 Jahren ist sie die jüngste Kanzlergattin, die Deutschland je hatte. Spätestens seit dem Ringtausch ist sie eine »öffentliche« Person. »Ich bin sicher in Aussehen und Auftreten keine Frau, zu der man auf Anhieb ›Wow‹ sagt. Aber ein Hascherl bin ich auch nicht.« Und sie fügt hinzu: »Hauptsache, bei Gerd hat's gefunkt. Ich glaube, meine gerade Art hat ihn überzeugt.« Ab sofort wird Doris Köpf ständig beobachtet, ist sie niemals mehr ohne Bewachung. Die Journalistin muß Antworten geben, statt Fragen zu stellen. In ihrem neuen Leben ist Privatsphäre reiner Luxus. Das Handy ist tagsüber der einzige Kontakt zu ihrem Ehemann. Was immer sie sagt, wird auch in ihrer unmittelbaren Umgebung gierig aufgesogen und oft völlig verdreht an die Öffentlichkeit getragen. Aber die privaten Fragen sind nicht mehr so dreist wie noch vor zwei Jahren. Interview-Wünsche bearbeitet jetzt ein persönlicher Referent.

Während ihrer Zeit als Landesmutter von Niedersachen besucht sie ein Sterbehospiz und ein Therapiezentrum für Tumorpatienten. Und im Krankenhaus in Celle tröstet sie die Opfer der ICE-Katastrophe von Eschede. Presse und Fernsehen sind nicht dabei. Doris Schröder-Köpf: »Ich finde es nicht anständig, das Leid anderer Menschen für den Wahlkampf auszunutzen.« Post bekommt sie stapelweise. Manche wollen ihr Leid klagen. Andere versuchen über den Postweg, politischen Einfluß zu nehmen. Nach dem Motto: »Sagen Sie Ihrem Mann, daß er diesen Paragraphen da endlich mal abschafft.« In einem Brief wird Doris Schröder aufgefordert, in einem Anwohnerstreit zu schlichten. Der eine hat seine Hecke zu weit aufs Grundstück des Nachbarn gesetzt. Als ein heftiger Streit über den Zaun ausbricht, soll die Kanzlergattin schlichten: »Können Sie sich das mal ansehen und den Fall klären.« Sie muß leider passen – schon aus Zeitgründen.[18]

Das neue Leben bringt gleichermaßen Geborgenheit und Streß.

Ständig Fotografen, immer Muskelmänner (oder Frauen) im Gefolge. Kein Einkaufen mehr mit Schlabberpulli und abgewetzten Jeans. Doris Köpf vermißt, daß sie in ihrem Freizeit-Look nicht mehr auf die Straße gehen kann. Immer wieder wird sie erkannt, begrüßt, angesprochen. »Ich war nie eitel, doch man wird es zwangsläufig ein Stück weit«, sagt sie. »Ich habe nie besonderen Wert auf modische Kleidung gelegt, wußte nie, was gerade ›in‹ ist. Doch wenn man soviel fotografiert wird wie ich jetzt, ist man gezwungen, mehr auf sein Äußeres zu achten.«

Doris Schröder-Köpf trägt nun bevorzugt Kostüm oder Hosenanzug. Auch mal elegante Blazer. Meistens kombiniert mit einer Perlenkette. Immer kombiniert mit einem bunten Halstuch. »Damit ich nicht so mager wirke«, hat sie einmal verraten.

Am 27. September 1998 wird Gerhard Schröder Deutschlands neuer Kanzler. Die SPD gewinnt die Bundestagswahl mit 40,9 Prozent (CDU: 35,2 %) und geht mit der Öko-Partei »Bündnis 90/Die Grünen« eine Koalition ein. Gerhard Schröder ist der siebte Kanzler der Bundesrepublik Deutschland und der dritte Sozialdemokrat auf diesem Posten seit dem Ende des Zweiten Weltkriegs.

Eine Karriere wie aus einem Märchen. Geboren am 7. April 1944 im westfälischen Mossenberg, hat Gerhard Fritz Kurt Schröder seinen Vater nie kennengelernt. Er stirbt wenige Monate nach der Geburt des Sohnes als Pionier-Gefreiter in Rumänien. Nur ein Bild hat er vom Vater. Ein verschwommenes Foto, das Fritz Schröder Arm in Arm mit seiner Erika zeigt. Obwohl Gerhard ein guter Schüler ist, reicht das Geld nicht für das Gymnasium. Seine Mutter arbeitet als Putzfrau. Den Wehrdienst kann er umgehen, da er als einziger Sohn eines gefallenen Vaters nicht eingezogen wird. Hauptschulabschluß in Wülverbexten (bei Hannover) 1958. Lehre in Lemgo beim Gemischtwarenhändler August Brand als Einzelhandelskaufmann. Herbst 1962: Abendschule in Göttingen. In den Schulferien arbeitet Schröder als Putzer auf dem Bau. 1963 tritt er der SPD bei. Sein

Vorbild ist der damalige Hamburger Innensenator und spätere Bundeskanzler Helmut Schmidt. 1966: Abitur auf dem Westfalen-Kolleg in Bielefeld. 1971 legt Schröder das erste Staatsexamen mit einer Arbeit über Berufsverbote ab, für die er die Note »Voll befriedigend« erhält, und beginnt als Rechtsreferendar in einer Anwaltskanzlei zu arbeiten. 1980, in der sogenannten Strauß-Wahl, gelingt Gerhard Schröder der Sprung in den Bundestag. Er holt für die SPD im Wahlkreis Hannover-Land 50 Prozent der Erststimmen. 1990 wird er Regierungschef in Niedersachsen. Seine Anhänger jubeln in der Landtagslobby: »Gerd ist auf'm Pferd!« 1998 ist der gewiefte Taktiker am Ziel.[19] Der Polit-Profi erfüllte sich einen Traum aus der Jugend, als er vor dem Kanzleramt in Bonn stand, an den Gitterstäben rüttelte und lauthals rief: »Ich will hier rein!« Die Ära Kohl geht nach sechzehn Jahren zu Ende. An der Spitze des Staates steht jetzt ein Paar, dessen Brüche mehr mit der gesellschaftlichen Wirklichkeit zu tun haben als das gradlinige Leben des Patriarchen Helmut Kohl, der seiner Hannelore ein Leben lang treu blieb.

Der Unterschied zwischen Hannelore Kohl und Doris Schröder-Köpf ist nicht nur augenfällig. Ins Kanzleramt ist der Prototyp der »modernen Frau« eingezogen. Während die »Ex« zuletzt vorwiegend als »First Köchin« über den Bildschirm flimmerte, kommen für die »Neue« solch wählerwirksame Aktivitäten nicht in Frage. Vielleicht ist ihre eigene Karriere auch ein Grund dafür, daß sie sich nicht – wie es vielen Frauen aus der Generation von Hannelore Kohl beschieden war – am Aufstieg des Ehemannes berauschen muß, sondern selbst ein eigenes aufregendes Leben führt und nicht als Frau an seiner Seite bloß daran teilnimmt. Freimütig gesteht sie: »Ich kann gar nicht richtig kochen.« Trotz grundlegender biografischer Unterschiede hat Doris Schröder-Köpf zu ihrer Vorgängerin ein gutes Verhältnis: »In bestimmten Bereichen hat Hannelore Kohl ihr Amt doch voll ausgenutzt. Da wäre ich dumm, wenn ich mir davon nichts abgucken würde. Ich bewundere, wie es ihr gelungen ist, die Söhne vor der neugierigen Öffentlichkeit abzuschirmen.«

Ihre Vorbilder sind Rut Brandt und die verstorbene Ärztin Mildred Scheel, die immer berufstätig war, sich für die Krebshilfe einsetzte und gesellschaftliche Mißstände kritisierte. »Rut Brandt hat damals das Kanzleramt geöffnet für Gäste aus Kultur, Wirtschaft und Ausland. Das paßt auch zu der neuen Berliner Republik. Und es entspricht dem Naturell meines Mannes.« Hannelore Kohl vor ein paar Wochen in einem Radio-Interview: »Wir stehen im engen Informationsaustausch. Ich werde auch in Zukunft die Fragen von Frau Schröder nach bestem Gewissen beantworten. Ich wünsche meiner Nachfolgerin viel Glück bei der schwierigen Aufgabe und im Umgang mit der Presse. Das ist nicht immer einfach.«[20]

Die »Bunte« sinnt auf Wiedergutmachung. Das Blatt aus München stellt die First Lady nach anfänglichen verbalen Ausrutschern jetzt in eine Reihe mit Hillary Rodham-Clinton und Cherie Booth-Blair. Die Macher lassen den berühmten Fotografen Lord Snowdon für eine Titelbildproduktion nach Hannover in die Herrenhauser Gärten einfliegen. Der Lord und die Lady begrüßen einander in fließendem Englisch. Höflichkeitsfloskeln und Hochachtungsbekundungen werden ausgetauscht. Die Porträt-Sitzung ähnelt einem fotografischen Schöpfungsakt. Hoheitlich schlicht – fast wie einst Diana von der »Vogue« – lächelt Doris Köpf mit Marzipan-Teint und Perlen-Ohrsteckern in die Kamera. Allerdings war die »optische Geburt der neuen Kanzlergattin« nicht ganz einfach. Dem Ex-Ehemann von Prinzessin Margaret und Ex-Schwager der Queen, der zuvor schon Ute Lemper, Paloma Picasso, Lady Diana, Hannelore Kohl und vor ein paar Wochen Cherie Blair abgelichtet hat, gefallen die Halstücher von Mrs. Schröder gar nicht. Die Frisur ist ihm zu aufgeplustert, das Gesicht zu dreieckig. Den Vorschlag, ein Jeanshemd zu tragen, lehnt sie ab. So etwas stehe ihr nicht. »Das hat Cherie Blair anfangs auch gesagt«, mault Lord Snowdon.

»Diana Köpf« (Berliner Zeitung) setzt ihren Kopf durch. Mit dem Fingerspitzengefühl eines Herzchirurgen und dem Charme eines Don Juan bringt der Star-Fotograf Doris Schröder-Köpf dazu, ihre Garderobe aus eigenem Fundus wieder in den Koffer zu packen, ihr lokales Lieblingsmodegeschäft »Michaela Möller« anzurufen und ein paar Kleidungsstücke auszuleihen. Mit Hilfe einer Visagistin, zweier Cashmere-Rollkragenpullover und dreier Flaschen alkoholfreien Weins nimmt die Foto-Session ein für beide Seiten befriedigendes Ende. Doris Köpf scherzt: »Wenn mein Mann mich so sieht, heiratet er mich noch mal.«[21]

Der Abstecher in die Hochglanz-Fotografie soll ein einmaliges Erlebnis bleiben. Andere Aufgaben warten. Seit Gerhard Schröder den großen Regierungsapparat lenkt, versucht sie im Kleinen Gutes zu tun. Ganz konkret, direkt vor Ort: »Ich bin ein Kindernarr. Mich interessiert alles, was mit Kindern zu tun hat.« Zahlreiche Anfragen für Schirmherrschaften karitativer Organisationen liegen vor. Ein prominenter Name öffnet bekanntlich Türen und Portemonnaies. Anders als Hannelore Kohl, die sich unter anderem für die Rehabilitation traumatisierter Unfallopfer stark machte, will sich die jetzige Kanzlergattin für die Gesundheit und Sicherheit von Schulkindern einsetzen, rauschgiftsüchtige Jugendliche eingeschlossen.

Doris Schröder-Köpfs Hauptaugenmerk ist auf drogenkranke Kinder und Jugendliche gerichtet. »Wenn ich die Jungen und Mädchen am Bahnhof stehen sehe, zerreißt es mir das Herz.« Sie möchte für diese Kinder Therapieplätze und Wohnmöglichkeiten schaffen. »Das erste Zentrum dieser Art ist bereits gebaut«, erzählt die First Lady nicht ohne Stolz. Es heißt »Teen Spirit Island« und ist vor ein paar Wochen in der Nähe des Kinderkrankenhauses Hannover eröffnet worden. »Das Therapiezentrum kostet bis zur kompletten Fertigstellung 2,7 Millionen Mark«, sagt sie. »1,4 Millionen haben wir schon zusammen.«

Parallel dazu sammelt Doris Schröder-Köpf Geld für den Kinderschutzbund, für die sogenannte Nummer gegen Kummer.

Telefon: 0800-11103 33. »Da können Kinder und Jugendliche anrufen, wenn sie große Sorgen haben und sonst keiner da ist, dem sie sich anvertrauen wollen«, sagt die Kanzlergattin. Sie nutzt ihren Namen, um diese Hilfs-Hotline auszubauen. »Dafür brauchen wir Geld, Sachspenden, ehrenamtliche Mitarbeiter. Jedes Engagement ist willkommen.« Viel Verständnis zeigt die Mutter einer Tochter auch für Initiativen, die sich für Opfer von krimineller Gewalt einsetzen, vor allem, wenn es um Kindesmißhandlung geht. »Da bin ich viel emotionaler, auch radikaler als Gerd.« Kindermörder würde sie nie mehr aus der Haft entlassen.

Inzwischen hat die Journalistin den übermächtig scheinenden Schatten ihrer Vorgängerin als Ehefrau abgeschüttelt. Alle Versuche, das Bild von Doris Schröder-Köpf als Gegenentwurf zu »Hillu« Schröder zu etablieren, sind gescheitert. Die kleine Person kommt auf ihre Art ans Ziel – nicht laut, sondern leise und immer beharrlich. Ein bißchen beneidet sie die britische First Lady Cherie Blair, die trotz der Karriere ihres Mannes als Anwältin weiterarbeitet. Genau das würde sie am liebsten auch tun, aber sie hat es sich selbst verboten: »Es geht einfach nicht. Politik und Journalismus liegen zu nahe beieinander.«

Doris Schröder-Köpf hat nicht viel Zeit gehabt, aus der Rolle einer alleinerziehenden Mutter und erfolgreichen Redakteurin in die Rolle der treusorgenden Ehefrau umzusteigen. Es gelingt ihr zunehmend, weil sie sich Machtinstinkt und Eitelkeit nicht leistet. Die Kanzlergattin ist eine moderne Frau, aber eine frauenbewegte Kämpferin ist sie nicht. Sie ist sozial, aber nicht sozialistisch. Die First Lady ist engagiert, aber nicht ideologisch. Sie drängt sich niemals vor, strahlt immer noch etwas von dem Glück der Frischvermählten aus. Die »Kindfrau« (Bunte) liebt ihren Gerhard, wie er ist, hat sie einmal gesagt, und hat nicht den geringsten Wunsch, ihn zu ändern oder zu formen: »Wer die Politik macht, soll alle Aufmerksamkeit bekommen. Gerd steht für sich. Er braucht keine Frau, um Defizite auszugleichen.«

Und Doris Schröder-Köpf hat Zukunftspläne. Unerschütterlich hält sie daran fest, daß sie es sich sehr gut vorstellen kann, in ein paar Jahren Chefredakteurin einer Regionalzeitung zu werden. Wenn ihr Mann keine Politik mehr mache, wäre der Weg frei. »Eine Zeitung wie die ›Augsburger Allgemeine‹, wo ich gelernt habe, das könnte mir gefallen.« Der derzeitige Chefredakteur Rainer Bonhorst reagierte prompt auf diesen Wunsch und äußerte sich dazu süffisant in einer Kolumne mit dem Titel »Augsburger Träume«. Text: »Ihr Traum macht uns stolz, wenn auch nicht ungebührlich stolz.« Aber auch er gehe davon aus, daß »Sie es mit der Verwirklichung Ihres Traums nicht allzu eilig haben«. Am Schluß der Glosse kam dann die Anregung: »Besuchen Sie uns doch mal wieder.« »Ich«, so Rainer Bonhorst, »könnte Ihnen dann den Chefredakteurssessel zeigen, zum unverbindlichen Probesitzen.« Nette Sticheleien unter Kollegen. Nicht wichtig, aber aufschlußreich![22]

Zur Zeit unterscheidet sich Doris Schröder-Köpfs Alltag nicht wesentlich von dem mit Stift und Block in der Hand. »Ich bereite mich auf jede Begegnung vor wie auf ein Interview. Nur, daß ich nicht darüber schreibe«, sagt die First Lady, die seit Monaten Biographien liest, sich über das Leben der Frauen von Staatsmännern, deren Interessen und deren Heimat informiert. »Als das Ehepaar Kwaśniewski uns in Berlin besuchte, habe ich vorher in der Geschichte Polens gelesen.«[23]

Trotz ihres Engagements, die Vorurteile bauen sich nur langsam ab. Manche Journalisten sind unbelehrbar. Sie behaupten immer noch, sie sei ein kleines Dummchen, das sich hilfsbedürftig an den großen Mann kuschle. Doris Schröder-Köpf erträgt diesen »oberflächlichen Unsinn« mit Engelsgeduld, ignoriert die »subjektive Betrachtungsweise« von Kollegen, die sie nie gesehen, geschweige denn mit ihr gesprochen haben. Einziger Kommentar: ein süffisantes Lächeln. »Was soll ich denn tun? Wenn ich mich dagegen mit Gegendarstellungen wehren würde, würde doch alles nur noch schlimmer«, meint sie. Dabei hat die Kanzlergattin inzwischen allen gezeigt, daß sie bei einer roten Zukunft keine graue Maus bleiben will.

Als eine ihrer Stärken bezeichnet Doris Köpf ihr Selbstbewußtsein.

Ex-Lebensgefährte Sven Kuntze über die Mutter seines Kindes: »Sie ist einer der politischsten Köpfe, die ich je kennengelernt habe. Sie war überhaupt nicht so, wie sie aussieht. Darum schätzt man sie auch bis heute immer falsch ein.«

Auch Steffen Müller, Geschäftsführer des Radisosenders »Antenne Niedersachsen«, ist von den professionellen Qualitäten seiner ehemaligen Mitarbeiterin überzeugt. »Doris Schröder-Köpf wird eine Kanzlergattin der Leute sein, weil sie Distanzen abbauen kann. Sie wird ihren Weg gehen, der nicht immer nur das Amt ihres Mannes im Auge haben wird.«

Sie ist eine typische Vertreterin ihrer Generation: »Ich lasse mir weder von Männern noch von Frauen vorschreiben, was Emanzipation bedeutet. Für mich heißt das, in jeder Lebensphase frei zu entscheiden, was ich tue. Ich weiß, was ich kann.«

Daß Frauen wie sie entspannter mit Männern, mit Fragen der Emanzipation und der Berufstätigkeit umgehen können, verdanken sie der Generation von Hiltrud Schröder. Es waren die heute knapp 50jährigen Frauen, die den Kampf um Gleichberechtigung begonnen haben, und über die Verbissenheit, die damals vorherrschte, lächeln heute ausgerechnet die 30jährigen gelegentlich. »Ja, vielleicht sind wir Frauen von heute die Gewinnerinnen des Geschlechterkampfes der früheren 70er Jahre«, sinniert Doris Schröder-Köpf. »Die schlimmsten Kämpfe sind ausgestanden, wir können es uns heute leisten, emanzipiert und freundlich gleichzeitig zu sein. Männer sind nicht mehr unsere Feinde. Wir vergeben uns nichts, wenn wir nett zu ihnen sind.«

Doris Schröder-Köpf

Lieblingsmusik:	Rock von den Scorpions, Pink Floyd, Status Quo, Rolling Stones. Aber auch klassische Musik.
Lieblingsgericht:	Spaghetti mit Ruccola-Salat und Parmesan.
Wunsch:	Wäre gern fünf Zentimeter größer und fünf Kilo schwerer.
Lieblingsinstrument:	Geige
Lieblingsblume:	Rose
Lieblingsbücher:	Alles von Brecht, besonders seine Gedichte. Ansonsten spannende Krimis aus England, USA und Deutschland.
Lieblingskrawatte:	Mein Mann entscheidet allein, welchen Schlips er umbindet. Er ist kein Modefreak.
Hobbys:	Shopping, lesen, beim Italiener Espresso schlürfen.
Lebensmotto:	Leben und leben lassen.
Traum:	Mit dem Auto durch die Neu-England-Staaten (USA) zockeln, mit Bed & Breakfast und möglichst im Herbst.

Gerhard Schröder

Lieblingsbeschäftigung:	Tennis spielen
Bevorzugter Schriftsteller:	Kurt Tucholsky
Lieblingsfarbe:	Rot
Lieblingsblume:	Mohn
Lieblingsmaler:	Otto Mueller
Lieblingstugend:	Gerechtigkeitssinn
Lieblingslyriker:	Bertolt Brecht und Rainer Maria Rilke
Liebster Romanheld:	Huckleberry Finn
Traum vom Glück:	Alle Menschen werden Brüder/Schwestern
Lebensmotto:	Carpe diem (Nutze den Tag)

Entscheidend für Doris Köpfs Erfolg wird die Fähigkeit sein, nichts als »Schicksal« zu begreifen. Nie verliert sie den Humor. Ihr Lächeln ist eine starke Waffe. Zur Zeit nimmt sie sich lieber ganz zurück, um keinen Glanz von ihrem Mann abzuwenden. Das mag bescheiden wirken, ist aber klug. Ihre Strategie könnte Erfolg haben. Sie hat keine Sekunde gezögert, ihren Beruf aufzugeben. »Was gibt es Spannenderes, als so aus der Nähe die nächsten Jahre zu erleben«, sagt sie. Und sie hat recht: Welcher Journalist war je so nah am Herzschlag der Macht? Die jetzige Phase ihres Lebens empfindet sie nicht nur aufregend, sondern auch als eine Art Kapitalanlage für einen späteren Neuanfang.

Der nächste große Schritt ist der Umzug mit der Familie nach Berlin. Die Schröders werden in das alte Gästehaus der Regierung in Dahlem einziehen. Der Altbau aus der Jahrhundertwende hat im Privatbereich 150 Quadratmeter: eine Küche, ein Wohnzimmer, zwei Schlafzimmer. Das Erdgeschoß wird für offizielle Anlässe genutzt, hat drei Salons und mißt insgesamt 250 Quadratmeter. Der Umzug der Schröders in die Hauptstadt ist für die Jahrtausendwende geplant. Bei dem Gedanken wird ihr etwas bange.

»Wenn Klara in Berlin in eine neue Klasse kommt, wird sie sicherlich stark beobachtet: Was hat sie an, was kann sie, was hat sie für Noten?« Deshalb ist ein sanfter Übergang geplant, bei dem sich die Schröders auch an den Wünschen des Kindes orientieren. Die achtjährige Tochter soll soviel Normalität wie irgend möglich leben. Die Schule nebenan. Gemeinsames Abendessen. Und keine Pressefotos vom Kind: »Die Politik wird irgendwann vorbei sein. Sie soll keine Sonderstellung erhalten, die ihr später wieder genommen wird.«

Gerhard Schröders Weg ist Doris Schröders Ziel. Im Inland hat die First Lady immer noch Akzeptanz-Schwierigkeiten. Tief sitzen die Vorurteile über Blondinen, tief sitzen die Vorurteile über das heikle Thema: alter Mann, junge Frau. Es kann noch eine Zeit dauern, bis die Medienverteter in Deutschland die Bayerin in ihr Herz schließen und dazu übergehen, fair und toleranter über sie zu informieren.

Im Ausland dagegen scheint die Presse klischeefreier und objektiver mit der First Lady umzugehen. Sie wird in einem Atemzug mit Hillary Clinton und Cherie Blair genannt. Spätestens seit dem Hochglanzfoto von Lord Snowdon erscheint die »Powerfrau der Nation« (Independent) auf den Titelseiten der Illustrierten. Andere europäische Publikationen porträtieren Doris Schröder-Köpf über Seiten, greifen auch schon mal zu Superlativen. Die renommierte »Financial Times« schrieb vor ein paar Wochen: »Sie ist der frische Wind in der muffigen deutschen Politszene, ist neues Sinnbild deutscher Weiblichkeit.«[24]

Anmerkungen

1 »Süddeutsche Zeitung« vom 27. Februar 1998
2 »News« vom 20. Oktober 1998
3 »Spiegel« vom Dezember 1998
4 »Gala« vom 7. November 1996
5 »Hannoversche Allgemeine Zeitung« vom 8. November 1998
6 »Abendzeitung«, München, vom 29. September 1998
7 »Stuttgarter Zeitung« vom 2. Oktober 1998
8 »Stern« vom 8. Januar 1998
9 »Hannoversche Allgemeine Zeitung« vom 20. Oktober 1997
10 Buch »Gerhard Schröder – Nahaufnahme« von Ulrike Posche
11 »Neue Hannoversche Presse« vom 5. März 1998
12 »Hamburger Abendblatt« vom 1. Juli 1998
13 »Spiegel« vom 27. April 1998
14 »Gala« vom 12. Oktober 1998
15 »TV Hören und Sehen« vom 16. November 1998
16 »Bild am Sonntag« vom 28. September 1997
17 »Welt am Sonntag« vom 8. März 1998
18 »Gala« vom 14. Dezember 1998
19 »Welt am Sonntag« vom 25. Oktober 1998
20 »Lübecker Nachrichten« vom 18. Oktober 1998
21 »Bunte« vom 29. Oktober 1998
22 »Spiegel« vom 16. März 1998
23 »Welt am Sonntag« vom 10. Januar 1999
24 »Welt am Sonntag« vom 4. Okotober 1998

Danke

... an meine Freundin *Jeanette Bachmann* für ihre monatelange Nachsicht und Übersicht

... an meinen Bruder *Gerd Presler*, den Komma-König von Karlsruhe, der sich für dieses Buch-Projekt extra ein Fax-Gerät zulegte

... an *Günter Peters* und *Thomas Olivier* für ihre unermüdliche Suche auf den Daten-Autobahnen dieser Welt. Abstürze, Geschwindigkeitsübertretungen und Strafzettel inclusive

... an *Juliane Berensmann*, *Wolfgang Nagel* und *Tanja Queling* für ihre hilfreichen Motivationskünste

... an *Doris Paulini*, *France Rastoin-Sternberg*, *Julie Penzel-Althoff*, *Sonja Schinde* und *Jana Latuske* für ihre schweißtreibenden Übersetzer-Arbeiten in den grauen Wintermonaten

... und an *Barbara Platsch* (Madrid) und *Helma Wietlisbach* (Zürich) für ihre hartnäckigen Recherchen in den Zeitungsarchiven